情爱「鸦片」

第三种情感调查

陈　永吴　伟赵燕杰　著

团结出版社

图书在版编目（ＣＩＰ）数据

情爱鸦片 / 陈永等编著. －－ 北京 ：团结出版社,2011.5
ISBN 978-7-5126-0450-6

Ⅰ. ①情… Ⅱ. ①陈… Ⅲ. ①婚姻问题－研究 Ⅳ.①C913.13

中国版本图书馆 CIP 数据核字 (2011) 第 081550 号

出　版：团结出版社
　　　　（北京市东城区东皇城根南街 84 号　邮编：100006）
电　话：（010）65228880　65244790　（出版社）
　　　　（010）65238766　85113874　65133603（发行部）
　　　　（010）85113694　（邮购）
网　址：http://www.tjpress.com
E-mail：65244790@163.com（出版社）　65228880@163.com　（投稿）
　　　　65133603@163.com（购书）
经　销：全国新华书店
印　装：三河市东方印刷有限公司

开　本：170X240 毫米　　　1/16
印　张：12.75
字　数：221 千字
印　数：7000
版　次：2011 年 9 月　第 1 版
印　次：2011 年 9 月　第 1 次印刷

书　号：ISBN 978-7-5126-0450-6/C·10
定　价：25.00 元

目 录

7

月光下的情感

　　曾几何时，举杯对月独酌，赏红袖飘飘，抒寂寞情思。一轮明月，从古至今，承载多少男男女女的悲欢离合？憔悴了多少的魂牵梦萦？望瘦了多少的牵绊与思念？

　　一片月光，如水如银。月光下，静谧，安宁，适合小白鼠舞蹈。月光下的舞蹈，于舒袖和展颜之间，散发着淡淡的、绵绵的、如吴刚树下桂花般的香。

　　小白鼠月光下的舞蹈可以称得上是对婚外恋最精辟的比喻了。婚外恋情，舞了千年，舞尽了文人骚客多少笔墨，舞尽了人世间多少凄凉？有道是：红杏出墙，此恨绵绵，一曲"此事古难全"唱尽了多少绵绵之恨？

　　小白鼠白天不敢出来，只能在月光下跳舞，舞姿很美，然而仍是过街老鼠，喊打喊杀声不绝于耳。这舞蹈是浪漫的，是冒险的，是有难度的，是充满刺激与伤痛的。

　　深深恋着，爱着，不猜疑，不嫉妒。懂得彼此的一言一行，牵挂着对方的快乐与忧伤，用心感受着，用话温暖着。送给对方的永远都是美好，如阳光，如和风，如柔雨。婚外恋中的快乐是短暂的，落寞却长长久久。此刻，我们对此不能不分缘由地加以批判，只为他们彼此懂得，并已尝尽心灵的撞击与折磨。

　　春天追求秋天，难以逾越夏的距离；流星与地球，无法相守，只能短暂相会。有缘的未必有情，有情的未必有缘，相识是一种风景，是生命旅途中的幸运，但不知道这风景能欣赏多久。当有情的男女错过缘分却不愿放手时，那么营建的只能是一座情感的空中楼阁——婚外恋。

见不得阳光的婚外恋

婚外恋见不得光，这其中有法律上的因素，也有道德的因素。在古代，处置婚外恋的法律尤其严厉，现代依然有婚姻法等予以谴责，当然更多的是来自道德上的约束。

婚外恋并非当今中国特有的社会现象。自古以来，上至皇帝，下至平民百姓，都曾出现过婚外恋，也算是人类的"优良传统"了。不过，古人对男女婚外偷情并没有赋予婚外恋这么文学性的名称，而称之为通奸，带有很强的蔑视和贬义色彩。婚外恋其实是对通奸的一种文学化，听上去比通奸优雅、文学一些。婚外恋见不得光，在古代为婚外恋遭人唾弃甚至丢了卿卿性命的人不在少数，更落得千古骂名。这其中尤以潘金莲、陈世美两案著名。

历史上，备受婚外恋之痛苦成过街老鼠的非潘金莲与西门庆莫属了。在《水浒传》中，潘金莲被描述为"久惯牢成的淫妇"，而在后来的《金瓶梅》里，潘则被改造成了初次偷情的少妇，不再是"天生的淫妇"，她与西门庆的初次偷情也不能简单地以"淫荡"视之，而应看成是一对少夫少妇被生命的激情所鼓动，而产生的既浪漫又惊险更不失刺激的婚外之恋。

小说的写作角度不同，带来了不同的观感效果，但是，无论《金瓶梅》对潘金莲的风花雪月描写得多么优美，却摆脱不了《水浒传》赋予的荡妇形象，而这种违背社会道德的形象也注定了结局必定不完美。

《水浒传》的笔墨主要是表现梁山好汉，因此，潘金莲、西门庆这种"奸夫淫妇"只是武松"发迹"的附属品，并不是作者用笔用心的所在。为了刻画武松的英雄形象，潘金莲必然会被描述成放荡、残忍，西门庆也乃一介好色破落户之辈。因此，在《水浒传》中，潘与西门的初次偷情写得极为简略，很像许多文言笔记小说，宽衣解带、男女相悦只有三两句话，缺少具体的细节描写与铺垫，有点类似现代好莱坞电影的情节，迅速异常。

相较于《水浒传》，《金瓶梅》中增添了许多风花雪月的文字，这些文字如诗如画，各有千秋，各尽其能。《金瓶梅》不仅是一个好的故事剧本，而且文字上深入描绘人物性格，尤其刻画潘金莲的风致，向读者呈现出她的性情、她的性感。然而读者们心中对"淫妇"的成见，在一定程度上影响了对潘金莲"妖情欲绝"的媚态的欣赏。

潘金莲再如何的风花雪月，在古代还是摆脱不了通奸这个称呼，终究也迈不出古代性爱的铁门坎。潘金莲不愿委身丑陋武大郎的一场婚外恋，更是让她丧失了生命，并被钉在不守妇道的耻辱柱上，被后人永远的唾弃。

（节选自：石钟扬，《致命的狂欢〈品读潘金莲与西门庆〉》，陕西人民出版社，2006年6月）

除了潘金莲，现在许多学者也在考证陈世美是否被冤枉，这里暂不讨论。我们在此参照《铡美案》里那个负心的陈世美。

陈世美与秦香莲结婚，后离家上京赶考，却被公主看中，然而他隐瞒已婚事实，与公主结婚。按今天的话说，是犯了重婚罪。秦香莲在家等待丈夫，却久久不见归来。所以，一路找来，被陈世美撞见，他可能碍于皇帝的权势或者担心自己的富贵失去，对秦香莲视而不见。不见也就罢了，这陈世美回去，随即派人去杀人灭口。碰巧这人是个软心肠，怜悯于秦香莲的悲惨命运，竟然自杀了。陈世美于是又多了一条在现代称为唆使他人犯罪的罪行。秦香莲把他告到了包青天那里，包公于是制造了铡美案。

（节选自："陈世美的死，中国女人的悲哀"）

于是，似潘金莲的荡妇形象，陈世美成了负心汉的典型，而这两个形象分别代表了婚外恋里男女的无耻形象，遭到历史的唾弃。

从诞生之日起，婚外恋似乎就成为被谴责的对象。确实，这种遭人唾弃的婚外恋怎么看都是功利的，不管是为了荣华富贵，还是生理追求，都造成了家庭的破裂、社会道德水准的流失，甚至引发社会不稳定。

责任重于泰山，面对生活，面对妻子或丈夫，面对孩子，也应该有家庭和社会责任。我们在尊重人性、追求美好的同时，不能以配偶和亲人的痛苦为代价，以牺牲家庭的利益和社会责任为代价。

人们对婚外恋的鄙夷，更多的是憎恨钱色交易、权色交易的功利性婚外恋。现如今，这种感情淡薄的婚外性行为，因其各取所需、相互利用的功利性，比较多的和高官的腐败联系起来了，因而备受社会舆论和传统道德的谴责。

背叛家庭，以游戏人生或以功利性获取为目的的婚外恋，违反社会的公序良俗，受到世人的一致谴责，显然是见不得光的。而不掺杂金钱和利益，

仅仅以寻找婚外的刺激为目的的婚外恋，或因婚姻基础不牢，夫妻感情恶化，彼此再不吸引而产生的婚外恋，虽然现代很多人对此采取了宽容态度，但也难登大雅之堂。

如诗如画的婚外恋

人生如戏，如幻如真，文学与影视中不乏天长地久的爱情、浪漫与理想。世间至情至美的爱情，灿烂于围城内外。

奥黛丽·赫本——奥斯卡影后，格里高里·派克——奥斯卡影帝，两人围城外谱写一曲纯美的爱情故事；林徽因，一位天生丽质、气韵高雅的20世纪中国知识女性的杰出代表和光辉典范，与中国三位驰名人物：梁思成、徐志摩、金岳霖的美好爱情故事，被人们传为佳话。这些，都是婚外恋之美的经典之作。

他，是个绅士，世界上最英俊的男人之一，有着雕塑般坚毅的轮廓、刚直不阿的个性。他举止优雅，气质谦和，纯净的眼神像庄严的传教士。他的笑容让人心动，柔肠百转而分寸在握。他是全球众多女人的梦中情人。他的生命里，有无数俏佳丽走过，却未出现过绯闻。过去的半个多世纪，一直被全世界影迷们奉为偶像与道德榜样，他就是奥斯卡影帝——格里高里·派克。

她，是个天使，出身名门，会五国语言，举止优雅，气质非凡。她高贵善良，柔美娇羞，像个不谙世事的少女。她性格矜持内敛，平易近人，有着姣美的容颜和如花的笑靥，两只会说话的大眼睛如一汪碧水，清澈静谧，楚楚动人，长长的睫毛像秋日里飞舞的蝴蝶，闪动着青春的快乐与轻盈，她就是奥斯卡影后——奥黛丽·赫本。

在那个纤尘不染的豆蔻年华里，天使遇到了绅士，在浪漫之都罗马的那个夏天假日里，一段尘世间最纯美的爱情悄然萌生。

那时，他已是全球尽人皆知的明星，刚过完36岁生日；而她只有23岁，还是个名不见经传的女孩儿。她是他的影迷，对他有着近乎痴狂的崇拜，当她第一次遇到他时，她甚至激动地说不出话来。

其实他亦如此。看到她的第一眼，他的心忽然动了一下，一种异样的情愫从心底悄然涌起，心像海潮刚刚退去的沙滩，柔软而湿润。眼前的女孩儿，

仿佛将不为人知的心事藏在美丽的大眼睛里，安静而忧伤，让人陡生怜爱。那一刻，他分明感觉到了一个微妙阶段的开始。

那场戏，他们分别饰演男女主角，忙里偷闲时，两个人便到河边散步，涓涓流淌的河水窃听着这对人儿的喃喃私语。他喜欢看着她，眼神里充满了柔滑的怜惜。她也喜欢和他在一起，听他说话，看他微笑。偶尔，她会将自己冰冷的小手放进他宽厚而温暖的掌心里，感觉着来自这个敦厚男人的气息和爱恋。

那时，他的婚姻即将走到尽头，他渴望得到她的爱。他却不善于表达，看尽了世事苍凉的他已习惯将喜怒哀乐掩藏在波澜不惊的表情之下。

她爱他，可她不敢说。她很清楚，身边的这个男人，是别人的丈夫，是3个孩子的父亲。幼年破碎的家庭阴影及她所受的教育，让她对他望而止步。善良如天使的她怎忍心让自己爱的翅膀沾上别人濡湿的记忆?!

罗马的那个夏日，她的爱，在他的笑容里，一次又一次热烈而绝望的盛开。许多时候，一朵矜持的花，总是注定无法开上一杆沉默的枝丫。于是一段故事在那个夏日戛然而止，再也没有后来……

《罗马假日》公映，让她一夜之间从一朵山野间羞涩的雏菊，变成了镁光灯下耀眼的玫瑰。很快，她有了爱情，梅厄·菲热，好莱坞著名的导演、演员兼作家。她很欣赏那个男人的才华，希望那个男人的职业可以给她带来更大的成功。

果然，那一年，她的事业和爱情双双丰收，她获得了当年的奥斯卡最佳女主角奖，并且和梅厄走进了婚姻的殿堂。

他参加了她的婚礼，还是那样温厚和宽容，平静地微笑着。没有人知道，他不露声色的外表下，掩藏着一种无奈和认命。

作为礼物，他送给她一枚蝴蝶胸针。那是1954年，爱情于他和她，是开始，也是结束。

那时的她，天真地以为自己一转身，便可以躲过千万次的伤心，可她不知道，如此，也错过了一生的风景。

梅厄移情别恋，给了渴望爱情至终老的她一个致命的打击。她离了婚，后来，又结了婚，又离了，再后来，一个又一个的男人，从她的生命里，兜兜转转，走近又走远。

40年的光阴里，一成不变的陪在她身边的，只有那枚蝴蝶胸针。

无数次，她给他打电话，伤心处，忍不住泪水涟涟。他轻声安慰着她，

说一些无关痛痒的话。没人知道，于他而言，她的每一滴眼泪，都如一枚跌落的彗星，刺入大海的心房，表面风平浪静，内心早已是铁马冰河般的汹涌！

她至死都不知道，从他遇到她的那一天起，她便一直是他生命里的月光，日日夜夜的，灿烂在他心灵最深处。

（选自：朱砂，"1954年的蝴蝶胸针"，《青年文摘》，2008年第10期）

派克与赫本的爱情故事催人泪下，美得让人心碎。中国也有这样的故事，林徽因"曾经沧海"，她和徐志摩、梁思成的恋情，众所皆知。

徐志摩，一个单纯的理想与浪漫主义者，一个才华横溢的现代诗人，他与林徽因之间的那份淡淡情愫令人欷歔不已。

我是天空里的一片云／偶尔投影在你的波心／你不必讶异／更无须欢喜／在转瞬间消灭了踪影／你我相逢在黑夜的海上／你有你的／我有我的方向／你记得也好／最好你忘掉／在这交会时互放的光芒

这首有名的《偶然》是徐志摩对林徽因感情的最好自白。林徽因在英国结识徐志摩，而相识时游学的徐志摩已为人夫，并有了孩子，但不惜离婚以追求才华出众的林徽因。而林徽因却谨遵父意，嫁给著名学者梁启超的儿子梁思成。一见倾心，却又充满理智，这就是世俗所难理解的一种纯情。林徽因选择了梁思成，她成为梁家的媳妇，而放弃了诗人的热烈追求。林徽因曾在徐志摩殉难后的一个多月（1932年1月1日），写信给胡适，说出她心中的肺腑之言：

"我的教育是旧的，我变不出什么新的人来，我只要'对得起'人——爹娘、丈夫（一个爱我的人，待我极好的人）、儿子、家族等等，后来更要对得起另一个爱我的人。我自己有时的心，我的性情便弄得十分为难。前几年不管对得起他不，倒容易——现在结果，也许我谁都没有对得起，您看多冤！……这几天思念他得很，但是他如果活着，恐怕我待他仍不能改的。事实上太不可能。也许那就是我不够爱他的缘故，也就是我爱我现在的家在一切之上的确证。志摩也承认过这话。"

（选自：陈学勇，《林徽因寻真–林徽因生平创作丛考》，中华书局出版

社，2004年12月）

金岳霖，我国有名的哲学家，毕业于清华大学，执教于清华、北大，是一个率性而为、乐观幽默的人。金岳霖十分呵护林徽因，林徽因对他亦十分钦佩敬爱，他们之间的心灵沟通可谓非同一般。据说梁思成、林徽因吵架，也是找理性冷静的金岳霖仲裁。他们文化背景相同，志趣相投，交情也深。

金岳霖先生一直恋着林徽因，对林徽因人品才华赞羡至极，并以终生未娶、一直毗邻而居来恪守践约自己的爱情。金岳霖自始至终都以最高的理智驾驭自己的感情，爱了林徽因一生。

徐志摩和金岳霖对林徽因的爱虽然没有成功，却能如此持久，主要是因为爱的对象有回应，因为林徽因也爱他们，对他们的爱有感觉、有回馈。但毕竟林徽因不愿放弃平稳的生活去选择他们，所以这份朦胧却得不到的爱让他们变得痴狂。这些人的婚外恋，同他们高尚的情操一样，被人称颂。

追求爱情是人的基本权利。婚外恋一定程度上满足了人们的感情需求，使生活情趣得以提升，在婚姻存在危机的同时寻求更多道德理性的发展。尽管有些婚外恋不是靠光明正大的手段获得，为当今社会道德所厌恶，但对那些与钱权、色情交易无关的婚外恋，倾向于互相欣赏，互相爱怜，互相吸引的非功利性婚外恋，人们还是十分宽容的。

这种婚外之情，促使夫妻关系基础不牢者、感情长期不和者，或一方长期遭受虐待者，走出现在的婚姻桎梏，重觅新欢，开始新的生活。在两情相悦、男欢女爱中，体味久违的快乐，不失为一种明智的选择。

婚外恋具有朦胧的吸引力、神秘感。使当事人感到彼此那么丰厚，那么深邃，那么神秘，那么充满新鲜活力。

婚外恋，是恋人般的浪漫，是朋友般的相处，如夫妻般的生活，这一切使得婚外恋之花常开不衰。

婚外恋不是以海誓山盟来约束自己和对方，而是通过创造激情来相依相伴。

婚外恋就像雾里看花，越看越美，这就是一种朦胧美。像我们闻香一样，一接触香花时，感觉很香，香气扑鼻，沁人肺腑，心旷神怡。

想说爱你不容易

对于婚外恋，有人欢喜有人忧。经历了两千多年的封建社会，传统的三纲五常等伦理道德观念在我们头脑里可谓根深蒂固。面对婚外恋，很少有人会去赞扬，顶多是弃权而已，更多的是唾弃。

当婚外恋带来麻烦时，我们只能呼天抢地，寻死觅活，义愤填膺，喊打喊杀。但不管过程有多么轰轰烈烈，结果仍常常是束手无策，悲悯交加。婚外恋处处夹杂矛盾，感情需要与良心责难是同时的，对婚姻不满的同时却又无可奈何。

面对来自舆论、道德和家庭的压力，逃避在这个时候成了唯一的选择，然而纸终究包不住火，一旦恋情暴露，则无颜见家人、朋友、同事，甚至无颜在社会上立足。既让自己很没面子，还给相关者带来巨大的痛苦。于是，坠入婚外恋的人们常常处于既痛苦又矛盾的感情旋涡中。婚外恋，想说爱你真不容易！

"在天愿作比翼鸟，在地愿为连理枝。天长地久有时尽，此恨绵绵无绝期。"白居易的《长恨歌》为唐玄宗和杨玉环之间的爱情镀上一层至真至纯的浪漫主义色彩，成为二者的爱情绝唱。

杨玉环本是唐玄宗的儿媳妇，小两口原本妇唱夫随，浓情蜜意，恩恩爱爱。无奈唐玄宗这个老皇帝风流成性，一见到她，立即两眼放光，喜欢万千，意淫层面的朝思暮想不够，还要付诸行动，占为己有。正所谓四海之内，莫非王土，风流皇帝权力至高无上，是儿媳妇又何妨？当然，皇帝风流但不傻，知道明抢难逃众人口舌。于是为掩人耳目，便设计一个出家的计谋，叫杨玉环出家。借机明修栈道，暗度陈仓。待时机成熟，还俗封为贵妃。

自此，唐朝历史被改写，唐玄宗贪恋美色，日夜行乐，无心朝政。杨家人鸡犬升天，炙手可热，权倾一时。这一切促使民怨沸腾，安史趁机作乱。最终皇帝为保住性命，下令赐死杨贵妃，落得一抔黄土掩风流。

（选自：清华晓梦，"婚外恋，开在悬崖的罂粟花"，中国文学网，2010年4月29日）

这不仅是一般意义上的违背道德的婚外恋，而且还是公公和儿媳的不伦之恋，但因为当事人是权力至高无上的皇帝，"通奸"这顶帽子断然不敢戴在其头上。即使到了文人手里，这不伦之恋也被渲染成缠绵悱恻和至死不渝的爱情。"在天愿作比翼鸟，在地愿为连理枝"，写得多么美好，多么痴情！

但是，对"李杨恋"的描绘不管如何婉转动人，其终究是一场为人所不齿的不伦婚外之恋，这点无法改变。古时候对婚外恋的惩罚是相当严厉的，这样的事如果发生在老百姓身上，早已五花大绑，放进猪笼，丢进河里淹死了，更别说有文人歌功颂德。

陆游与唐琬也演绎了一段不容易的婚外恋之梦，一个是才华出众的青年才俊，一个是美丽贤淑的大家闺秀，郎才女貌的两个人之间，究竟有怎样凄婉动人、催人泪下的故事？

绍兴沈园的粉壁上曾题着两阕《钗头凤》，几百年来多少文人墨客踯躅于沈园，读罢感慨万千。上阕是诗词名家陆游所写，下阕是陆游的前妻唐琬所和，这两阕词虽为两人所作，却浸润着同样的情怨和无奈，因为它们共同诉说着一个凄婉的爱情故事——唐琬与陆游的沈园情梦。

青春年华的陆游与唐琬都擅长诗词，他们常借诗词倾诉衷肠，花前月下，二人吟诗作对，互相唱和，俪影成双，宛如一双翩跹于花丛中的彩蝶，眉目中洋溢着幸福和谐。结婚以后，他们伉俪相得，琴瑟甚和，是一对情投意合的恩爱夫妻。

不料，作为婚姻包办人之一的陆母却对儿媳产生了厌恶感，逼迫陆游休弃唐氏。在陆游百般劝谏、哀求而无效的情况下，二人终于被迫分离，唐氏改嫁同郡宗子赵士程，彼此之间也就音讯全无了。

几年以后的一个春日，礼部会试失利，陆游回到家乡，家乡风景依旧，人面已新。睹物思人，心中倍感凄凉。为了排遣愁绪，陆游时时独自徜徉在青山绿水之中，或者闲坐野寺探幽访古，或者出入酒肆把酒吟诗，或者浪迹街市狂歌高哭，就这样过着悠游放荡的生活。

在一个繁花竞妍的春日晌午，陆游随意漫步到禹迹寺的沈园。与偕夫同游的唐氏邂逅相遇。在那一刹那，时光与目光都凝固了，两人的目光胶着在一起，都感觉到恍惚迷茫，不知是梦是真，眼帘中饱含的不知是情、是怨、是思、是怜。此时的唐琬，已由家人做主嫁给了同郡士人赵士程。

赵士程是个宽厚重情的读书人，他对曾经遭受情感挫折的唐琬，表现出诚挚的同情与谅解，使唐琬饱受到创伤的心灵已渐渐平复，并且开始萌生新

的感情苗芽。赵士程虽然重新给了她感情的抚慰，但毕竟曾经沧海难为水，与陆游那份刻骨铭心的情缘始终留在她情感世界的最深处。

与陆游的不期而遇，无疑将唐琬已经封闭的心灵重新打开，里面积蓄已久的旧日柔情、千般委屈一下子奔泻出来，柔弱的唐琬对这种感觉几乎无力承受。唐氏安排酒肴，聊表对陆游的抚慰之情。陆游见人感事，心中感触很深，昨日情梦、今日痴怨尽绕心头，感慨万端，于是提笔在粉壁上题了一阕《钗头凤》，记述了词人与唐氏的这次相遇，表达了他们眷恋之深和相思之切，也抒发了词人怨恨愁苦而又难以言状的凄楚心情：

红酥手，黄藤酒，满城春色宫墙柳；东风恶，欢情薄，一怀愁绪，几年离索，错、错、错。

春如旧，人空瘦，泪痕红浥鲛绡透；桃花落，闲池阁，山盟虽在，锦书难托，莫、莫、莫。

随后，唐琬再一次来到沈园，徘徊在曲径回廊之间，忽然瞥见陆游的题词。反复吟诵，想起往日二人诗词唱和的情景，不由得泪流满面，心潮起伏，她的心就再难以平静。追忆似水的往昔、叹惜无奈的世事，感情的烈火煎熬着她，使她日臻憔悴，悒郁成疾，在秋意萧瑟的时节化作一片落叶悄悄随风逝去。只留下一阕多情的《钗头凤》，令后人为之欷歔叹息：

世情薄，人情恶，雨送黄昏花易落；晚风干，泪痕残，欲传心事，独倚斜栏，难、难、难。

人成各，今非昨，病魂常似秋千索；角声寒，夜阑珊，怕人询问，咽泪装欢，瞒、瞒、瞒。

后来陆游倦游归来，唐琬早已香销玉殒，自己也已至垂暮之年，然而对旧事、对沈园依然怀着深切的眷恋。常常在沈园幽径上踽踽独行，追忆着深印在脑海中那惊鸿一瞥的一幕，随后又写了三篇沈园情诗。此后不久，陆游就溘然长逝了。

时过境迁，沈园景色已异，粉壁上的诗词也了无痕迹。但这些记载着唐琬与陆游爱情绝唱的诗词，却在后世有爱的人们中间长久流传不衰。

（改编自：李凯城，"陆游的爱情悲剧：《钗头凤》"，诗词歌赋网）

古人已如云烟般散去，唯留下这优雅浪漫的诗句，辗转着爱情，传达着思念；唯留下这些散发着褒贬不一的文字，留给我们读着这些文字的灵魂去仁者见仁。

为了追求自己的爱情，背弃婚姻，置别人的幸福和利益于不顾，是不道德的；但真心相爱的人不能彼此相守，却无奈地维持着没有爱情的婚姻，难道就道德吗？对此，我们究竟要以什么样的标准来评判？

看看我们周围，有多少家庭，为了彼此的面子，为了双方老人，为了孩子父母双全，整日吵吵闹闹，彼此伤痕累累，同床异梦或分床而卧，却仍然以亲情的名义维持已经死去的婚姻。即使爱情早已不存在了，仍继续勉强的生活在一起。

婚姻只是一个协议，一种法律的契约，并不是所有婚姻都基于爱情。当对方已经不爱你时，这个协议固定不住已经名存实亡的婚姻。随着人们思想的进一步开放，婚外恋得到了社会更多的宽容和理解，但即使真情相爱的第三者，依然是受到的谴责声多，而那些依然维系着已经没有爱的婚姻的人，被社会广泛容纳，没人会说其不道德。

婚外恋，想说爱你不容易。无缘对面不相逢，不是想拥有就能够拥有的。即使拥有了，那份甜蜜背后的苦涩也是需要一同咽下的。

婚外恋，想说不爱你也不容易。缘分往往随风潜入夜，润物细无声，并不是你想不爱，就可以不爱的。

结语

什么是无耻的爱情？什么是美好的爱情？这其间的区别究竟在哪里？是否唐玄宗与杨玉环拥有《长恨歌》赋予的婉转浪漫就摆脱了不伦之恋的痕迹？是否陆游和唐琬分手之后，唐琬改嫁，她心里还惦记着陆游，这就是道德的犯罪？

同样是婚外恋，有的像诗一样纯美，有的却遭世人唾骂。可见，婚外恋本身并无对错，不是一个简单能肯定和否定的事情。月光下的舞蹈是否浪漫？没有人说了算，它需要社会和时间的评判。

那么，到底什么是婚外恋？它有哪些表现方式？造成婚外恋的原因有哪些？如何看待婚外恋？答案会在以下的章节中一一揭晓。

2

形形色色的婚外恋

前面我们领略了婚外恋的"犹抱琵琶半遮面"。那么，究竟婚外恋如何界定呢？

婚外恋，我们常称为"偷情"、"出轨"、"脚踏两只船"、"吃着碗里瞅着锅里"、"家里红旗不倒外面彩旗飘飘"……界定虽不严密准确，大概意思还是归纳出来了。如果说得稍规范些，婚外恋是指有夫之妇或有妇之夫另有所爱。

其实婚外恋就是古代所谓的"通奸"，现在所谓的"偷情"。有人还仔细区分了婚外恋与婚外情，这里我们不做深入的理论探讨，本书中暂且将两者等同看待，我们先从广义与狭义来分析婚外恋。

广义的婚外恋，不仅涵盖了婚后的婚外恋情，而且包含婚前的婚外恋，既包括已婚男女的通奸，也包括未婚男女的私通，这其中更是涵盖同性与异性两种关系。狭义的婚外恋指夫妻一方与未婚或已婚异姓之间发生的超越正常朋友之情的情爱关系，其中常包括不正当的性关系。我们生活中所说的婚外恋，一般指的是狭义的。

单纯的释义显得有些单调乏味，其实婚外恋除了通奸、偷情的名号之外，有个更美的名字——红杏出墙。

红杏出墙源于一个传说，传说在很早的时候，有位叫红杏的女子，豆蔻年华已出落得鲜彩照人。十六岁时嫁入邻村知书识礼、文质彬彬的相公。初嫁时小两口热恋不已，恩爱有加，又时逢生命华年，情欲执缠、难分难舍。无奈相公得赴京赶考，只能依依惜别。娇妻红杏初尝人世仙乐，而逢相公远别，空余激情荡漾。每当夜里猫发出春叫，便心乱不已，只能顺着杏树爬上墙头，仰望星空，寄托思念，以抵欲火。而隔壁有一名为王二者，早已垂涎

红杏美貌，经常夜不能寐，亦爬上墙头。于是两人干柴烈火，一发不可收拾。后来红杏相公未金榜题名，心情低落，无心性事，红杏便继续爬墙，据说直到60岁爬不动为止。

传说告一段落，而红杏出墙的故事却并未终止。宋代发展出一个《西山一窟鬼》的话本中，有"如捻青梅窥少俊，似骑红杏出墙头"的诗句，大讲裴少俊与李千金不顾礼教的爱情轶事。而宋朝叶绍翁的一行诗句"满园春色关不住，一枝红杏出墙来"，更是增添了中国汉语词汇的无限风光。到了元代，著名杂剧《墙头马上》红极一时。于是，"红杏出墙"便成了文人骚客们的常客，戏曲、诗词歌赋、民间传说之类，层出不穷。

"红杏出墙"这一颇具文化色彩和诱惑性的名称作为婚外恋的代名词被人广泛引用，它的含义也随着社会的发展而不断丰富。到了今天这个情欲横流的年代，"红杏出墙"之说吸入了更加丰富新潮的内涵，很多人以亲身经历上演着一幕幕激情澎湃、或紧张刺激、或柔情断肠的"出墙"故事。它似乎含有一种浅浅的"风流"的褒义，但无论听上去多么美，也改变不了婚外恋的本质。

随着社会的发展，婚外恋以更多的形式出现，不仅仅局限于嫖妓、包二奶，可谓形式多样，大有各取所需、救婚姻于危难之势。

中国人民大学潘绥铭教授将中国的婚外恋分为三种形式：第一种是完全纯情的关系，即完全是一种精神上的交流，谈得来，但没有更多的进一步的举动；第二种是像初恋的恋人那样，已经有了接触甚至偶然会有性关系，但主要仍是一种恋爱状态；第三种就是性关系，即跟婚外某人保持着比较稳定的性关系。

哈里斯与萨波尼克合著的《面对情变》中，哈里斯博士把婚外恋分成了四种类型：风流成性型婚外恋，露水情缘型婚外恋，感情投入型婚外恋和长期关系型婚外恋。

现在我们无法统计世界上有多少比例的人是或曾是"婚外恋"患者，从凡夫俗子之间"普通"的婚外恋，到徐志摩与陆小曼之间"浪漫"的婚外恋，到老虎伍兹与科莉里斯特之间"轰动全球"的婚外恋，再到李叔同与诚子的"异国之恋"，各式各样，形形色色，五彩斑斓。

现代社会中，我们在享受着物质文明带来便利的同时，却难以找到"爱情是什么"的完美答案，我们不可能再用20年的时间去领悟爱的真谛，我们

需要的是具体的、触手可及的爱的感觉，以及一种全新的爱的表达方式。在迷惘与灵动之间，在清醒与放纵之间，在爱与痛的边缘，我们探索着新的情感之路。

网恋

网恋，即网络恋爱，指男女双方通过现代社会先进的网络媒介进行交往并恋爱。天各一方的两个人，通过击打键盘，便可体验心跳的感觉。网络让原本陌生的人之间变得没有距离感，几乎所有上网的人都会慨叹着网络的虚幻缥缈，几乎所有的人都曾抗拒网恋的魅惑，但多数的人却又经不起这样的诱惑，被网络的神秘所吸引，而人的情感也会随着对它的依恋而牵动。

现实生活中，人们普遍生活在虚伪的面具之下，很少在别人面前流露出自己内心的真实想法，而在网络世界中，人们可以冲破了原来的阻碍，肆无忌惮地抛开所有伪装，用真实坦然的文字与别人进行交流，这大大拉近了心与心的距离。

"我真的不知所措，满脑子是他，即使是在上班的时候，也没有办法不去想他，这到底是为什么啊？我们是通过网络相识、相知，他像风一样来无影、去无踪，在现实生活中也未曾见过他真实的面容，可是他已经深深占据了我的心灵。我在努力控制自己，不要打开电脑，不要上网，可最终还是鬼使神差地打开了，想知道他留下了什么'蛛丝马迹'，哪怕是一点点，心里就踏实了。我还知道他也在牵挂着我。"

这是一个真实的案例，已婚的女主人公在现实中或许是个对感情很严肃的人，但来到网上却抵挡不住诱惑，坠入了网恋的泥沼。根据上海离婚法律咨询网一项统计表明，婚外恋已经成为影响上海市夫妻感情的头号杀手，而网恋是增长速度最快的婚外恋方式，已占到整个婚外恋的两成。

（选自：衣新发，"网恋其实是自恋"，人民网，2005年6月7日）

网络爱情往往是男女在一起聊久了，发现彼此的共同点，相互之间渐渐产生了感觉，相互倾诉各种心灵故事。当事人因为生活的平淡或内心的空虚寂寞，急需寻找一个能关注自己的在线灵魂。这种柏拉图式的恋情，虽然有时候不表露出来，但一般都伴有一种要达到较亲密关系的希望。很多人对待

网恋会上瘾，虽然是虚幻缥缈的，却能给自己带来莫大的幸福感和精神依赖。某些白领将自己不见面的网恋，视为纯洁的、温情脉脉的感觉，它远离肉体、性器官以及生育过程的污染，仅靠思想和文字传递快乐。

这里所谓的网恋，是婚外恋层面的网恋，不包含未婚男女的正常网上交往，而且着重强调精神层面的恋爱，即精神背叛层面的婚外网恋，不包括网恋时机成熟后发展到网下的一夜情，甚至长期同居行为。因此，本文的婚外网恋主要包含了对网络物的意淫与网络人的挑逗。

首先是对网络物的意淫。这里解释一下，网络物意淫是指当事人在网上搜索帅哥与美女的靓照，或者关起门来看黄片，让那些肌肉男或妖娆女定格在你的大脑，然后一遍遍地享受意淫的快感。

此种意淫属于精神背叛，虽然睡在老公或老婆身边，眼前晃动的却是其他男人的肌肉或女人的丰乳，心猿意马地驰骋在风情万种的异性世界。老公或老婆想跟你亲热，你一翻身，把其撤到遥远的黑暗中，然后进入自己的温柔乡。当然，这种意淫需要具备丰富的想象力，且会自我解决。其实说来也简单，唾手可得的美女图片、PS后的搞笑图片、方便的色情图片、直接的性器官图片、性交图片或电影录像，都广泛地存在于网络中。

其次是对网络人的挑逗。这其实就是一般意义上的网恋。网恋这东西，起初是小男生小女生为缓解青春期压力发明的恋爱方式，却迎合了居家男女精神背叛的需要，被已婚男女发扬光大。网络世界是虚拟的，在这里，可以尽情发挥想象，在这里，年龄、肤色、国籍，都不是问题。企图精神背叛的男人和女人们，在想象的诱惑下，在文字的煽动下，自然而然地就找到了恋爱的感觉。

婚外网恋何以会让人恋恋不舍乃至不能自拔呢？

首先在于其便捷性，婚外网恋只要一台联网电脑，一个房间，不需要通过工作关系或社交场合结识与接触，少了社会监督和舆论压力。其次，网恋是快速的，舍去了相识、相知到相恋的漫长等待，只需要确定对方客观上长相良好，主观上有交往欲望，便可开门见山，直奔主题，不需承担什么责任，也不影响他人。

网恋在如今的社会中普遍存在，鲜有孤独男女上网不恋者，而相较之下，普通的婚外恋情就要逊色许多。

现实生活中，一般的婚外恋人人喊打，而网恋却由于其隐蔽性及渲染性而显得如诗如画，似乎赢得更多的宽容。网站论坛上的情感文章，风花雪月，柔情脉脉，暗香浮动，情深似水，让人动容。这里有多少情字是写给自己的妻子或丈夫的？大家都心照不宣罢了。

更有文章直接赞美网恋，他们认为，相比之下，发生网恋的人在行为上还是为婚姻负责的，并没有作出什么直接不道德的行为。因此，要承认现实，面对现实，网恋固然不高尚，但也不卑贱，我们应该坦然地去面对。

一位有过成功网恋经历的网友概括说，网恋让人们超越了现实空间和社群的局限，让感情有了前所未有的广阔空间。网恋跟任何形式的恋爱一样，只是需要更好的运气，以便能顺利迈过从网上走到网下的这道坎。

网恋缘起于网络，而网络缘起于美国。早在1996年，美国新泽西州的黛安娜遇到了网友雷伊，两人从电子邮件谈文学作品开始，直到有一天，双方都觉得"相识恨晚"而双双堕入爱河。遗憾的是，网络上如火如荼的爱并不能解决现实生活中的情爱之渴，他们于是决定跳出网络。

正在他们准备约会时，黛安娜的丈夫葛伊登一纸诉状将黛安娜和雷伊告上了法庭，要求法院判许离婚。法院受理了这个案子，但检察官和法官似乎

没听说现在的互联网是"互恋网"吗？要汲取"身在曹营心在汉"的历史教训，原则是"上网尽可以上，只是不能脱离领导"，手段是"把IT武装到牙齿，做全能的高科技主妇"。

都感到无法可依。黛安娜和雷伊只是在网上谈情说爱，并没有肌肤相亲的实际行为，现存法律是无法回答这个案件的。

越来越多的美国妇女开始抱怨他们的丈夫花大量的时间在网上和陌生女人聊天，使她们感到前所未有的家庭危机。私家调查人员丹·格雷特说，由在线聊天和在线交流引起的"婚外恋"正使越来越多的家庭走向解体。他接手的案例中有15%的"桃色事件"祸起互联网。一个问题是：如果已婚的他或她在网络上成立了一个"虚拟家庭"，仅仅应该被视为游戏行为，还是要被判重婚罪？我们需要为彼此的想象负责吗？在现实世界需要担负家庭、社会与法律等责任的我们，需要在虚拟的网络世界履行这些责任吗？"我们是在做游戏，只要好玩。"一位女孩对网络规则就是这样认识的。

但反对这种"网络游戏规则"的声音同样强烈。一个叫榔头的网友始终拒绝加入任何情感聊天室，"对于我这样一个有家的人，在网上和别的女人甜言蜜语一番是不可想象的，这跟在大街上的马路求爱者有什么区别。这样的做法本身就是对婚姻的不忠。"虚拟的网络还引发了诸多的现实问题：网络上如何控制十五六岁的孩子进入那些恋爱聊天室？一个已婚的男人在聊天室中化身为一个18岁的女郎算不算网络上的情感诈骗？

（参阅：人民网）

一位婚姻问题专家曾说过："Internet是连接的世界，而它所引发的却常常是关于断开的问题。"很多人开始只是抱着一种好奇的心理去体验、触摸这个无形的世界，认为浅尝辄止无关紧要，但渐渐却发现自己已经在不知不觉间深陷其中。我们觉得虚拟的网络不会在现实中给自己造成伤害，但令人担忧的是：这种真实的情感不会一直满足于网络的虚拟模式，当这种不满足感需要在现实中面对面地解决时，我们又该怎么办？

一夜情

网络是虚拟的，网恋中纯粹的思想交流是看不见、摸不着的。仅局限于虚拟的网络世界，若即若离，恐怕不是出墙族的最终目的。从虚拟世界走向真实世界，体验真真切切的亲密接触，才能达到那种想要的感觉，于是相约一夜情便应运而生。这里的一夜情，笔者仍从两方面分析，一是含有金钱交易的一夜情，即所谓的嫖娼；二是无金钱交易，只是单纯的满足彼此的生理

需要，可能牵扯那么一点感情因素。

首先是交易型的嫖。即常说的"妓男"或"妓女"。居家男女找"妓男"或"妓女"，倒不是有什么重口味的嫖妓情结，全在于"妓男""妓女"的诸多好处：漂亮，可以随便挑、随便换，做爱有技巧，完成交易给钱立马走人，严守"职业道德"，等等。而且，更关键的是，他们一般无关乎情感，当嫖客与他们完成身体背叛时，心还是紧紧地系在婚姻的另一方身上的。双方首先考虑的是不被察觉，不引起怀疑，继续保持好的形象。

其次是不存在金钱关系的一夜情。一夜情名曰"情"，其实与"情"关系不大，肉体的吸引，远远超过"情"，或者说根本就是排斥"情"。而且毕竟不是金钱交易的肉体约会，一夜情型的外遇，为了性而性，只是为了宣泄自己的生理需要，只是为了身体一时的痛快，风险系数也很高。正因为风险系数如此之高，于是在现在人的眼里成了刺激的代名词。一夜情的发生往往并非存心如此，主要源于碰巧的机会与试探。

无论是金钱关系的嫖，还是满足生理需求的一夜情，都存在共同点，就是彼此互不认识的居多，而且偷情时间短，当然有慢慢发展成长期关系的，但毕竟是少数，这里不做具体讨论。

现代我们指的一夜情，一般是第二种，即不带金钱关系的一夜情。这种一夜情，大部分发生在受教育程度较高的男女身上。教育能够使人视野开阔，并容易接受新鲜事物。高学历、高素质也能带来自我意识的觉醒，他们普遍蔑视传统的人生观和价值观，质疑传统的生活方式和道德伦理观念，在情感生活中更有主见和反叛精神。

某媒体在一次针对一夜情的调查中发现，一个原本被认为是猥琐放纵的采访对象，事实上是个风度翩翩、文质彬彬、谈吐不凡的研究生。他不仅对一夜情这种行为持肯定态度，更认为一夜情中的双方若具备理性和自控能力，就不会给他人和社会造成伤害。另一位在一家知名外企上班的博士，虽然相貌平平，经济条件一般，但他认为他的高学历本身就是一项可以炫耀的资本。研究者指出，很多高学历者和白领一族热衷玩一夜情，并能频频得手，是与他们良好的素质形象、较高的社会地位和不俗的收入有关。

一夜情主要是为了满足性欲而产生，它往往拒绝责任，远离感情，是一种缠绵过后即散，各奔东西的快餐式两性关系。为了减少事后带来的种种麻烦，它往往发生在陌生人之间，相互之间的个人信息并不做过多透漏，甚至自始至终连对方的姓名都不知道。

因此，一夜情的参与者通常认为他们既满足了生理需求，又没有带来感情上的纠葛，而且也没有付出金钱上的交易，一拍即合的两个人也都完全出于自愿，是一种纯粹意义上的男女关系。但事实上，一夜情使人的追求和欲望退化到最低级的生理层次上，与异性交往仅仅为了满足了生殖器官的快感，抛弃了人类本该具有的信仰和理想，与动物无异。它是一种堕落的生活方式，会给正常的生活带来很多危害。在对对方一切都不了解的情况下，诸如健康和人身安全等方面难免存在问题或隐患，可能会导致性病甚至艾滋病，或遭遇欺诈、抢劫等犯罪活动，从而引发一系列的社会问题。

找情人

相较于一夜情，找情人往往发生于彼此认识的人身上，或是初恋情人，满足当年那份情愫；或是同学同事，正所谓近水楼台先得月，大家朝夕相处，日久生情。发生这种情况的人，男人往往有权、有钱或器宇轩昂；女人往往貌美、气质好，当然，歪瓜配劣枣的情况也不少见。

找情人的情况分两种，一种是一方处于强势地位的，如找小蜜，这种一般存在于有钱有权的上流人士中；还有一种就是双方地位平等，保持情人关系，追求心理和生理的相互满足感，这种情况在普通人中还是占大多数的。

首先是找小蜜的情况。小蜜者，小秘也。找"小蜜"，一般是指已婚男性采用金钱、工作、住房等手段引诱婚外异性，或者利用手中权力威逼婚外异性，使其以秘书的名义与之保持两性关系的行为，名义上是工作需要，实际上另有所图。一些拥有董事长、总经理头衔的人，一些腰缠万贯、财大气粗的人，以及一些大权在握的官员，自己本是有妇之夫，还挑选漂亮、气质好的女生聘为秘书，除了可有可无的工作需求，主要满足私人生理需求，金屋藏娇，怡然自得。此类小蜜，被迫者有，自愿者亦有，或先被迫后自愿，万象皆有。当然，女士找"男小蜜"的情况也有，只是不多见而已，这里不再详述。

其次是平等地位的情况。这种情形主要体现在周围群体当中，或初恋情人，或前男女朋友，或同学同事，一般只是为满足彼此那份空虚的生活，自愿者居多，较之前一种少了一丝权钱交易的痕迹。有人形容此种"找情人"就是吃草，无论是同学同事等窝边草，还是初恋前男女友等回头草。

所谓近水楼台先得月，同事之间长期朝夕相处，很容易产生好感，而且社会工作大环境的整体空虚，加剧了婚外恋的发生；至于初恋、二恋等前男女朋友，原本就有感情，只是源于各种原因，久别再见，情难之禁也是情理之中了。这个时候"兔子不吃窝边草"只能靠边站了，方便环保的窝边草，成了抢手货。

这里介绍一下初恋情人。英国大诗人拜伦说："比一切更甜蜜的，是初次的热烈爱情。"初恋美好而难忘，它像一首美妙动人的歌，又像一幅色彩绚丽的画，充满了爱情的甜蜜，闪耀着青春的光彩，无论男女，对初恋都是刻骨铭心，难以忘怀，人生中第一个男女朋友是最难忘的。然而并非所有品尝过初恋甜蜜的青年男女，都能走向婚姻的殿堂，走向白头偕老。有的人未能与初恋同饮交杯酒、共入洞房、走向婚姻。而是同另外的异性组成家庭。自此，按照正常的轨迹，结婚、生子、慢慢老去、平平淡淡、相濡以沫、共偕白首。然而人生并不都是如此，总有婚后对婚姻不满意者，追求理想与刺激，一旦遇到或找到初恋情人，当年的花前月下、喁喁情话、山盟海誓，便又重新焕发出青春，一时间，思念的情愫、爱情的火花，都又重新被点燃，产生了难舍难分的婚外恋。

这样找情人近乎可以理解，但办公室恋情的危害也颇多。前美国总统克林顿和白宫实习生莫妮卡·莱温斯基可谓"色胆包天"，在白宫里，在希拉里眼皮底下就敢偷情，最终曝光于天下。而希拉里，其实也没闲着，她在婚外也有自己的感情生活。

一本名为《比尔与希拉里的婚姻》的书详尽地透露了美国第一夫人希拉里曾"深爱"过白宫前律师文斯·弗斯特，有关他俩关系的流言已经众所周知，据称两人交好几乎已有20年之久。

本书作者安德森说，希拉里在和她的律师事务所同事打得火热之时，却骗克林顿说自己在阿肯色州与数百名妇女在一起。书中还指出，克林顿的朋友、同事、助手及工作人员都知道在阿肯色州小石城发生了什么事，这些事情在1977年已经开始。

安德森还说，每当比尔·克林顿离开阿肯色州州长办公楼（当时克林顿为该州州长）时，文斯·弗斯特就像钟摆一样准时出现，安慰希拉里，而且常在希拉里处过夜。"希拉里和文斯是深深相爱的。"退职的警卫L.D.布朗如此告诉安德森："我看见他们紧紧拥抱，深情接吻，亲密无比。"布朗是克林顿夫妇的心腹，他说希拉里曾经向他忏悔过，还曾对他说："有些事情是超越婚

姻的，不能把它卷入婚姻里。"

（参阅："希拉里与白宫律师20年婚外恋情"，2001年10月15日）

包养

包养其实是比找情人更"高级"的阶段。老板高官找小蜜，权钱交易其中就有包养的成分，只不过此部分的包养更明确一些，提供住房、金钱供被包者消费是一大特色。包养涉及两个方面，男包"二奶"，女包"二爷"，至于后来又产生的同性恋包养，属于特例，不在我们讨论范围之内。

首先是包"二奶"。包"二奶"，现在一般是指有配偶的男性，采用提供金钱，住房等手段供养婚外异性并与之保持两性关系的行为。所谓"二奶"，就是中国古时的姜，民国时的"姨太太"，现在俗称"小老婆"。古时称正妻、嫡妻、元配为"大奶奶"，第一个"姜"称"二奶奶"，简称"二奶"，第二个"姜"称"三奶奶"，简称"三奶"，依此类推。

做个有担当的女人，你不怕男人，男人便会怕你；千万别学尤三姐，为了个柳湘莲，为了个所谓的名节便抹了脖子，天涯无处不帅哥呀！

包"二奶"现在已然成为男人社会地位的象征，犹如开大奔、宝马，显得有面子有光环。于是，"二奶"、"三奶"以至"无穷奶"成为诸多男人追求的理想，甚至觉得"二奶"的数量跟男人的成功是成正比的。

其次是包"二爷"。包"二爷"，现在一般是指有配偶的女性，采用提供金钱、住房等手段供养婚外异性并与之保持两性关系的行为。如同"二奶"是古代的"妾"在今天的新变种，"二爷"也是古代的"面首"或"男妾"在今天的新变种。不同的是，古代女性能置"面首"或"男妾"的都是权要人物，如皇帝、公主，而且是公开拥有，"面首"或"男妾"数量众多，并听从摆布。

今天女性能包"二爷"的，多是腰缠万贯的富姐、富嫂、富婆，"二爷"一般为一人，而且是悄悄拥有，容易引发不少家庭矛盾。（参见萧源锦《婚姻家庭与和谐社会》）

包养已成为目前我国婚外恋最流行的表现形式，不论是包"二奶"，还是包"二爷"，都有逐年增多的趋势。应当看到，包养由于牵涉权钱关系，在违反道德的同时，不可避免的卷入违法的行为，已有很多案例表明，包养是贪污腐败的一大根源，不仅破坏社会风气，还引发社会问题。中国已有部分地区如广东出台法规重点惩罚包养行为。

傍"大款"

有句话说：男人有钱就变坏，女人变坏就有钱。这里形容傍大款行为很恰当。傍"大款"是和包养相对应的，一般傍"大款"者，必须有包养予以配合。当然，傍上"大款"能不能达到被包养的高度，还不一定。

"大款"，顾名思义，即有很多钞票的人。中国自改革开放以来，市场经济使一部分人先富了起来，不管你是买彩票，还是下海做生意，又或是投机倒把，反正是"大款"这个群体忽如一夜春风来，如雨后春笋一个接一个的冒了出来。福布斯榜单上，亿万富翁，千万富翁，层出不穷。俗话说：饱暖思淫欲。赚了这么多钱，"消费"是必然的，有需求就有市场，"大款"们的需求激发了傍款族的诞生，有容貌资本却又缺钱的姑娘们纷至沓来。于是，你有钱，我有貌，钱色交易，两相情愿，其乐融融。

傍大款的女性，要么是贫穷的打工妹，要么是虚荣的女大学生，抑或潜规则下的女演员。不论所谓何因，大多是虚荣、贪财、追求享乐者，所以傍

大款本质上仍是"财色交易"，比职业性工作者也高级不了多少。这种没有真情、真爱的形式，结局不美妙者居多。

吉林省妇联于2006年末至2007年初对吉林大学、东北师范大学、延边大学、长春税务学院和长春工程学院共五所高等院校的女大学生进行了专题调查。发现超过二成的女大学生认同傍大款。

调查问卷在这方面获得的数据如下：43.7%大学生反对"傍大款"、"周末二奶"，21.2%的人认为"很正常，每个人追求不同"，33.7%认为"无所谓，但自己不会去做"，1%的人表示"赞成，有机会自己也会这么去做"。

（赵志疆，"'傍大款'的岂止是女大学生"，《扬子晚报》，2007年7月）

这个数据当时引发了舆论的轩然大波，让人们瞠目结舌，甚至有人惊呼：曾经的"天之骄女"什么时候竟然堕落成了"高级妓女"？当然，这种现象的

向女人借钱的跳蚤型男人。物质应该比感情便宜，如果一个男人连物质都不愿付出，就很难说感情了。如果他还要吸你的血为生，就更可怕喽。

出现，不仅仅是女大学生个人的问题，社会、学校、家庭都难脱干系。

包养与傍大款是相互的，有人包，便有人傍，2009年热播的电视剧《蜗居》向我们形象地展示了这两种形式。

剧中的宋思明扮演了包养的角色，海藻扮演了傍大款的角色。先说海藻，毕业于上海的一所名牌大学，人长得比较漂亮，于是拥有了傍大款的资本，而又受困于房价高涨，成为房奴，物质生活不尽如人意，这又为其傍大款提供了条件，这个安身立命的小女子在工作中每次都会因为不堪重负而主动离职，但却在与男友的甜蜜感情里保持稳定丝毫没有异心。

由于因缘际会的相识和金钱债务的压力，海藻最初因为姐姐的房款而陷入和宋思明的暧昧关系之中，不知不觉的依赖起奢侈生活的腐蚀和激情四射的诱惑，直到水深火热无法自拔，抛弃旧爱背弃承诺，义无反顾地投入宋思明怀抱。

而宋思明，身为政府秘书长，官高位重，在当地算得上呼风唤雨。他手握有令许多人顶礼膜拜诚惶诚恐的权力，并具有占据物质女性身心的阴暗欲望和能力，自以为能随心所欲的牢牢控制住一些他所感兴趣的女人的心；他事业成功，他拥有权力和金钱，他欲望强盛，他谨言慎行，他机敏过人，他明智果敢，他老谋深算，他运筹帷幄，可是，他过高估计了自己的运气和才智，毕竟，踏上了这条路，很难再回头。（选自：《蜗居》）

重婚

好多人都批评婚外恋者喜新厌旧，殊不知喜新不厌旧也不见得就是好事，重婚便是明证。

重婚，指有配偶又与他人结婚或者明知他人有配偶而与之结婚的行为。不同于以上几种婚外恋形式，重婚是一种刑事犯罪行为，要受到刑事处罚。《中华人民共和国刑法》第二百五十八条第一款规定："有配偶而重婚的，或者明知他人有配偶而与之结婚的，处二年以下有期徒刑或者拘役。"

一夫多妻，或者一妻多夫，都是违背现代一夫多妻制的。重婚可能出于喜新厌旧，夫妻生活久了，感到枯燥和厌倦，想寻找新的伴侣，但又不希望失去现有家庭，于是通过重婚来达到两者兼顾的目的。有些人是为了玩弄异性，隐瞒自己的婚姻状况，欺骗他人与其结婚。当然，也有部分人试图通过

重婚实现传宗接代的愿望。

有人认为，男人拥有多个老婆，是男人的本事。能有多个伴侣满足自己心理和生理的双重需要，鱼与熊掌兼得，其乐融融，岂不美哉快哉？此种看似满足多伴侣期望的"有机统一"形式似乎可以理解，毕竟生活多变，感情亦复杂，和多人产生夫妻版的感情是有可能的。当今社会重婚现象不断见诸报端，成为婚外恋中一种常见的表现形式。但可能归可能，道德、法律皆不允许此种婚外恋形式的存在。

在一夫一妻制的现代社会，重婚行为违反了《刑法》、《婚姻法》，也违背了社会伦理道德，必然会破坏家庭的和睦和完整，也是社会的不安定因素，从多个角度看，它的危害是很严重的。

2006年3月，48岁的邱晓华当选为国家统计局局长，成为新中国成立以来最年轻的部级官员。然而，上海社保基金案随后发生，邱晓华被突然免去职务，在任只有200余天。随之牵扯出邱晓华重婚的内幕。

邱晓华元配妻子与其在同一个单位，是一个非常贤惠的女人，而且是一个难得的贤内助，每当邱晓华赶写出一篇文章，总是交给妻子先看看。妻子看完后直言不讳地提意见，使邱晓华的文章更加成熟，被誉为"模范夫妻"。后来，妻子患上了免疫系统疾病红斑狼疮，这种病不仅影响形体与容貌，而且严重影响夫妻之间的性生活，使其丧失生孩子的能力。

于是邱晓华与某媒体一女记者坠入爱河并怀孕生下一个女儿，尽管邱晓华也曾有过对妻子的内疚，但也就是用经济手段予以补偿，如到商场给妻子买礼物等。其铁哥们儿张荣坤站出来给邱晓华打气，还赠送一套一百多平米的上海豪宅给二老婆女记者。从此，北京一个家，上海一个家，邱晓华心系两头。他往往是到医院看望妻子后，转身飞到上海温存。直至被政府查处。

（阿成、韦娟，"邱晓华重婚内情揭秘"，《法治与社会》，2007年第5期）

席勒曾明确表态："真正的爱情是专一的。爱情的领域只能容下两个人；如果同时爱上几个人，那便只是感情游戏，而不是爱情。"12世纪的英国也有类似的守则："无人能阻止两个男人同时爱上一个女人，但这种爱不能同时落实。"所以，重婚是万万不可涉足的。

结语

如此形形色色的婚外恋，很容易将人引入婚外恋很普遍的认识误区，其实，总体来讲，有婚外恋的人还是少数。当然，婚外恋者越来越多确是不争的事实。婚外恋之所以在如今的婚姻中那么普遍，追根溯源，终究还是社会风气变迁导致的观念转变的问题。

曾几何时，在民众看中，婚外恋是一件可耻且罪不可赦的事情，婚外恋者要面对巨大的舆论压力，而且在行政事业单位任职的，事情败露后，往往还会受到严厉惩处，如此高昂的代价使敢越雷池者寥落无几。

然而到了20世纪末，婚外恋情的电视剧大行其道，成为民众饭后娱乐谈资。粗编乱造的剧情，感情纠葛充斥其中，成年男女，无一不搞婚外恋，这给了社会大众不良的思想和观念影响。

《道德经》里有句话："不见可欲，使民心不乱。"相反，常见可欲，民心自然极乱。民众是单纯的，长期看此类电影电视，耳濡目染，观念转变自然而然，多情者一时泛滥。紧接着互联网出现，宾馆服务行业慢慢大行其道……

于是，婚外恋的条件成熟了：忽如一夜春风来，婚外恋情遍地开。

3

大人物的风流与小人物的下流

大人物与小人物

我们这里所说的大人物，必须得是历史留名，鼎盛一时，道德高尚，为社会或人类进步做出贡献的人。因此，本书中所指的大人物并非仅仅历史留名者，历史上的昏君奸臣，如秦桧、和珅以及当今之娱乐圈，三教九流，皆是大人物，但他们不是我们本书所谓的大人物。这里所谓的大人物，是带有一些价值观上的判断的，既有古代皇帝、才子，亦有现代伟人、文学大家，主要源于古人和后人对其价值观的评判。我们以为，大人物是符合时代价值，特别是在诗词歌赋、政绩上作出成绩进而受后人追捧的人。

与大人物相比，小人物的范围就大得多了，小人物是芸芸众生的一粒尘埃。没有特长，没有杰出才能，过着平凡的生活，如此看来，我们这些人绝大多数皆是小人物。只是咱们这些传统的小人物还算不上这里的小人物范畴，社会对我们的情感生活没有兴趣。所以这里我们列举的小人物也都是公众人物，只不过是名声不好甚至臭名远扬的人物。如娱乐界名声不好的名人、政界的贪官污吏，或者文学作品里的历史罪人，在这里都是"小人"。具体的分类与解释我们这里不作详细分析，因为大人物小人物本身就是一种不明确的价值判断，是随着社会变化而变化的。

风流与下流

说到风流，千古流传、人人皆知、美女艳羡的当属才子唐寅唐伯虎；说到下流，这个，且不论古代，就现今而言，可谓数不胜数，举目可见。风流

之意，有两种意思颇有代表性。第一种是指有才华、有功绩之辈。

在《现代汉语词典》里，"风流"其中一层含义就是指有功绩且有文采之人。在古代，风流其实是指才华出众，如苏轼的《念奴娇·赤壁怀古》："大江东去，浪淘尽，千古风流人物。"好男人，做大事的男人，如刘邦、项羽，都算是风流人物。此种风流，是文人们所追求的。文人博览群书，洞察深刻，体验独特，于是产生对风流的向往和追求，云游四海，开怀畅饮，产生了如此多而优美的诗词歌赋。

另一种意思便是"十年一觉扬州梦，赢得青楼薄幸名"这种意思，即形容男女之间的关系。只是这儿偏重褒义，即在儿女私情方面的多情多义，这也是本文要说的风流。

风流往往成为大人物的专利，古代才子，帝王贵妃，近现代诗人……数说了几代的大人物，谁都逃不了"风流"二字。

大人物1：风流才子唐伯虎

此处的唐伯虎是指文学作品、影视剧作里面的人物，而不是历史上的客观人物。毕竟历史考证起来不容易，还是信手拈来作品中的人物方便。

唐寅，才华横溢，江南四大才子之首，电影里被描述为拥有8位老婆。然而仍不满足，为了秋香的三笑姻缘，卖身入华府为奴，最终抱得佳人归，成为千古美谈，被世人称为风流才子。

大人物2：李煜（李后主）、杨玉环（杨贵妃）

此二位一个身为皇帝，一个为贵妃，古代的地位使其有了风流的资本。李煜就是那位写"一江春水向东流"的皇帝。据说也是妃嫔成群。临死也记挂着"小楼昨夜东风"，终饮牵机之恨。风流后主谁不嫉妒。

"回眸一笑百媚生，六宫粉黛无颜色。"杨贵妃令唐王从此不早朝，夜夜醉在温柔乡里。尽管最后导致唐王朝的堕落，但后经众诗人的作诗吟诵，已成为历史上的一笔风流韵事。

此外，大人物如郭沫若、徐志摩等等，皆有风流韵事，被后人津津乐道，可见才华是大人物风流的最大资本。

反观下流，下流本来是形容人性品质的恶劣，抑或形容地位的低下，本章的下流主要用来形容男女间关系，偏重贬义。小人物的婚外恋，一般被冠

以"下流"的名号。或因自身无德，确实下流；或因无才，无法用优美的文字来表达，下流实属无奈。

小人物 1：自封风流之某明星

有人会说，明星这么有名的人物，还是小人物啊？没办法，婚外恋这种不光彩的事扯上混乱的娱乐圈，你再有名，也只能屈尊下流行列。该明星搞婚外恋令对方诞下"爱的结晶"，身边的朋友统统都没有忘记当年他公开讲过的说话。经典名句是："我犯了全天下男人都会犯的错。"此话一出，引来社会舆论的反映："才不是个个男人也是这般下流！"他还补充"Playboy是风流而不下流"，却受到不少大人物口诛笔伐。狄龙言之作风狂妄；尊子说："留心去听会听出很多歪理"；李怡先生更率先就风流和下流二词开腔："风流是到处留情，下流是到处留精。"

而笔下写尽无数风流人物的名作家金庸先生，亦在作曲家联会出版新书场合中，解构该明星的风流言论，并即时挥笔写下两句："风流，用情多，不发生性关系；下流，无情，性关系多。"

小人物 2：刘方仁等政界贪腐官员

我们常说：每个成功男人的背后都有一个伟大的女人，这句话现在开始有些变了味，这里的女人不再单指老婆。近年腐败现象的一个显著特征之一就是很多被拿下的贪官背后也藏着一个或几个女人，工作的同时也"风流"着。

前贵州省委书记刘方仁在任期间曾发誓要让贵州脱贫，且取得过很大的成绩，然而，"发廊里的爱情"却让这位省委书记颓然倒在了"发廊女"的石榴裙下，尔后便"倾尽心力为佳人"，将国家和人民的利益拱手相让。

成克杰、胡长青、李纪周等高官皆为其"相好"的做出过"重大贡献"，而最终，他们都为自己所酿的"风流"苦酒付出了惨重的代价。

本来作为领导干部，就肩负着净化社会风气、促进道德建设的重任，但个别领导干部却忘记了自己肩负的重任，台上大谈道德，台下却围着"裙子"转，尽做"风流"之事。其实，这算风流吗？充其量也是"下流"罢了。

（参见："风流与下流"，新浪网，2003年10月29日）

看了大人物与小人物的婚外恋，我们发现，说大人物风流，小人物下流，

既有合理的一面，也有片面的一面，毕竟马克思主义辩证法还是要用的。我们接下来将"大人物风流，小人物下流"作为一个正反的命题进行阐述。

正方：大人物和小人物的婚外恋确实存在客观差距

曾有人将男人分为三个层次：上流的男人、风流的男人和下流的男人。"上流的男人一生只爱一个女人，是几乎绝种的恐龙级好男人。他们绝对正直忠诚，但缺少风情，往往不识女人心；风流的男人不同的阶段爱着不同的女人，每一次爱都爱得很真挚，很投入，同时还喜欢着多个女人，游刃于花丛却进退自如；下流的男人同时爱着几个女人，信口开河，随便承诺，把女人搞得苦不堪言，自己也狼狈不堪！"上流重诚？风流重情，下流重性。从现实来看，这种分类颇有几分道理。

大人物的婚外恋，一般不存在功利性，而且往往是两相情愿的。因此人们一般能容忍大人物的婚外恋，并且通过文学及其他艺术等方式表达出来，赋予其"风流"的雅号，或羡慕，或同情。比如，我们会容忍李白、杜甫和韩愈这些风流者逛青楼，对柳三变的"杨柳岸，晓风残月"赞不绝口。

而下流，是指仅仅从满足自身的欲望出发，为了占有对方身体或全面占有对方，违反对方意愿，或在对方极不情愿的情况勉强行事，过程中常常伴随着挑逗性语言和性骚扰的情况。它的特征是：一、由明显的占有欲支配着；二、伴随明显的性挑逗言行；三、违反对方意愿，甚至具有侮辱性。人们一般鄙视甚至唾骂下流的人物，对其口诛笔伐。下流成为个人品质和道德水平低下，特别是对异性存有侮辱意识及行为的人专有的形容词。

风流和下流，同为描述男性所表现出来的气质，虽然只是一字之差，却有截然不同的层次和解释，这一点从他们的举止态度、言语风格中便能体会得到。风流与下流有时可以通用，因为存在那些自视风流其实无比下流的人物。

毫无疑问，人们都喜欢做"风流人物"、对"下流"却唯恐避之不及。你说一个人是"风流人物"，他准顾盼自雄，一点也不难为情，甚至暗自得意；可你要说一个人是"下流人物"，他不高兴不说，没准还会对你报以老拳！不管怎么说，这风流与下流的区别还是清清楚楚的：一个是往上流，一个是往下流。

风流者爱上一个异性时，一般不会采用单方面的强迫手端迫使对方就范，大都采用诸如"曲线救国"或"用笑容迷死人"之类的规则手段，最终达到那种"半推半就"、"情投意合"、"愿打愿挨"的效果。

下流者看上一个异性时，手段就不同了。他们基本上不懂得用什么策略，往往直来直去，恨不得快速占有，属于那种"想了我就要、先弄到手再说"之类的男人作为。

风流者，大都是重过程、讲人性、讲规则的，属于那种婉约派；而下流者，仅看重结果，大都与柔情似水、心有灵犀没有什么关系，属于缺乏人文修养的豪放派。风流的最高境界是与异性达到一种琴瑟和谐、水乳交融的完美状态，这是那些本来就下流却附庸风雅以风流自诩的人永远无法达到的层面。

当今男人，风流与下流两个词总得占一样，不然岂不是不入流了。于是大家琢磨半天得出一个结论——好男人风流，坏男人下流。以现代的标准，风流的男人是不嫖妓的，而下流的男人找小姐很正常。

这里需要讲清楚一点，很多时候不能以古代的标准拿来评判今天，譬如，不能一提到嫖妓就动辄拿李白出来做挡箭牌，认为跟李白当年的性质一样，毕竟，古代的标准与现在有很大不同。如古代可以纳妾，现在就不可以，且古人宿妓多有为情者，而现代嫖妓往往在于性，鲜有为情者。就现代道德规则来讲，真正风流的男人一般是不会去嫖妓的。

我们有时会见到身边一些男人喜欢讲自己的风流艳史，吹嘘自己身经百战，强调自己在数量上的业绩，并甚为得意。事实上，这些人根本就没风流过，完全只是在向不同女人花钱并出售体力。嫖妓的人通常都是性压抑或性饥渴者，他们是用消耗体力的方式来满足生理需求。

同样是与女人交往，风流男人重在一个"情"字，他们追求的是异性的质量；下流男人追求的是一个"性"字，它们追求的是异性的数量。有的人说谈"情"太麻烦、太耗时间，而玩"性"则简单实惠，干脆麻利。但简单干脆直奔主题的快餐式交往，怎能体验到那种如胶似漆、难舍难分的韵味和心动呢？从某种意义上说，花钱找的女人根本算不上完整的女人，她们只能给男方带来肉体的满足，却没有一丁点真情可言，男女双方充其量只是一种商业关系。在这种男女关系中，很难体会到相爱的那种心跳，因而也无法对空洞的心灵形成任何抚慰。

风流的男人，无论在什么场合下都善于控制自己的情感，他们行事稳健，并不张扬，甚至极为内敛，眼神和嘴角中透漏着一丝不易觉察的淡定与从容。

他们能在细微之处觉察了解异性，明白身边过往的女人中，什么样的可以擦出浪漫的火花，最适合自己。他们似乎周身笼罩着一种"气场"，当女人面对他们的时候，即使没有任何言语，也足以为之吸引，心动不已。

生活中，女人能遇到不少自我标榜为风流的男人，他们有的长相俊朗，有的腰缠万贯，还有的位高权重，于是他们自诩已经拥有风流的资本，有资格去风流一番了。可是他们到底是真风流还是真下流，女人们心里其实都很明白。

在女人看来，下流男人多和色狼画等号，他们在女人心目中的印象，都是语言污秽，行为猥琐，表面上金玉其外，实则败絮其中，他们骨子里时时刻刻都有一种邪恶在蠢蠢欲动。

而风流者，多器宇轩昂，潇洒自如，内涵丰富，言语有趣，落落大方，行为举止皆能张弛有度，恰到好处。这是一种让女人无法抵挡的巨大魅力，女人常常将这种男人赞为风流倜傥，他们无论走到哪儿都是焦点，备受瞩目。

名著《三国演义》中年轻时候的诸葛亮，是这种形象的代表，"羽扇纶巾，飘飘然有神仙之姿"，凭着英俊潇洒的形象，过人的智慧与计谋，运筹帷幄决胜千里的气魄，兵临城下时悠然抚琴的沉稳与淡定，塑造出一种气势上的绝代风流。这种风流姿态，是需要内涵和积淀的，而绝不是随便用一张帅气的面孔、一身名牌装扮，或是装模作样、故作姿态就能表现出来的。这些都是很肤浅的东西，只是用来掩饰自己的不自信罢了。

当然，有人认为风流者往往四处留情，感情不够专一，其实这种认识是对风流的一种误解。风流的男人，固然可能会在不同时期爱上不同的女人，也就是所说的多情，但是他们对每一段感情都是全心全意认真对待的，并没有轻浮玩弄之心。

在历史上，风流也常常和多情联系在一起，这种多情不是滥情，它是一种对异性发乎真心的爱恋或关怀，它体现了男人对感情丰富细腻的一面。譬如《红楼梦》中的贾宝玉，对身边的姐妹丫鬟都充满了感情，无论是手足之情，怜惜之情，还是对林妹妹的爱恋之情，都是出于真心发自肺腑的，所以贾宝玉是一个简单、风流而又多情的男人。

总之，风流是一种由内外兼修所表现出来的超然脱俗的气质，是一种与生俱来的优雅与洒脱。当今社会，功利主义大行其道，人文精神变得十分匮乏，风流倜傥、多情却不纵情的男人已经变得很稀少，更多的是没有思想的肉欲在横行，因此我们不能一味地对风流进行抨击，或把风流和下流混为一

谈了。那样的话，风流的男人会慢慢消失，这对女人来说是一个悲哀。风流的男人可以给女人带来情感上的精神享受，即使更多时候只是一种幻想，但也至少能给女人提供一份宝贵的想象空间。事实上，女人对风流男人向来也不排斥，甚至是有些向往的，毕竟，风流二字规格之高，不是随便一个男人有资格担当的。

反方：风流还是下流源于主观判断

劣质的风流就是下流，优质的下流就是风流。这句话颇能体现二者"你中有我，我中有你"的辩证关系。唐伯虎，时人看着也许是下流，今人评论就很风流。和珅下流还是风流？假如是下流，聪明的乾隆皇帝会容的下一个下流的宰相吗？其实风流还是下流并没有太大的差距，只是面对的人和评判的标准不一样罢了。下流的男人也是男人，与风流的男人一样有着同样的需要，只是由于社会地位和文化背景的不同，形成了认知上的差距。

大人物是大人物，小人物是小人物，大人物和小人物似乎一举一动都是不一样的。同样的事，同样的做法，因大人物和小人物的不同就有不同的解释。曹操光着脚迎接来访的许攸是礼贤下士，小人物要是光着脚丫子迎接客人多半认为是疯子。平头百姓把人家女人带走是"拐带"，司马相如带走卓文君却成了佳话。大人物千杯不醉叫豪饮，小人物这样喝就是酒鬼。大人物一掷千金叫活得潇洒，小人物大手大脚是小人乍富。大人物讲歪理叫雄辩，小人物讲歪理叫抬杠。饭粒掉在桌子上，大人物偶尔捡起来吃了叫节俭，小人物捡起来吃了叫小气。大人物跟别人握手是平易近人，小人物跟别人握手是巴结。

楚留香号称"香帅"，江湖传闻"盗帅踏月留香"，不仅身边的良家女子无数，青楼里也多有他的相好，江湖提起楚大侠，总是说"风流侠盗"，而另一个叫田伯光的老哥就没这么幸运了，虽然同样武功高强，占了众多的女人，江湖提起来却被称为"淫贼"，最后被某位大师割了男人的命根子。

楚大侠有众多的女人叫做"风流"，田大侠有众多的女人叫做"下流"，这其中的区别在哪呢？或许有人说，楚大侠找的女人都是女人自愿的，田大侠是只要看上了先奸后杀，所以有了风流与下流的区别。

但是事实不是这样，如果楚留香大侠不会武功，成了极普通的一个人，

没有正经事情做，整天打架斗殴，泡女人，嫖妓，尽管也是女人自愿的，但大家提起来只能给予"流氓"、"下流"的评价，但是这个男人某一天突然发达了，看客们再提起这个人的往事，下流就变成了风流。如果楚某人成了皇帝，那些女人就会被称为"临幸"，至于风流也是不敢提的，提了会被杀头。如果楚某人成了著名的才子，那就成了风流才子，被千古传诵，成了佳话。

（摘自：网易博客）

有了这种大人物与小人物的偏见，那么，风流与下流的主观区分便很正常了，其实就是所谓的情色与色情的区分。自古以来，很多色的人比那些并没有他们色的人活的清高，活的高尚，因为在世人看来，他们的色不叫色，而叫风流。没错，世上本来就不公平的，那些天生的绝顶色鬼，到头来却被人们美化为风流，这一切只因他们是才子，是学士，是伟人……他们的造诣和功劳抹过他们的污点，因而，世人把他们的色情叫做了"情色"，而那些三教九流的流氓、草民即使他们"情色"再高尚再有情趣，他们的情色也是"色情"。

没有人会说李白是色鬼，因为他是个才华横溢的诗人，也不会有人说唐伯虎是色鬼，因为他是个远近驰名的才子。"色情"与"情色"虽然只是顺序不同，但意义却有着天壤之别，没有人愿意自己做的事被别人冠以"色情"的帽子。那些古代描写两性的文学典籍没有被列为色情系列，而都是被称为"情色文化"。《杏花天》、《金瓶梅》、《肉蒲团》、《明清春宫图》等，这些在当时都是禁书，从清朝以来，中国社会就对这类书籍有种恐惧心理，清政府曾颁布法令阻止其刊刻流传，而现在则有专门的文化机构和团体将它们作为一种文学现象去研究。

其实，是色情还是情色，主要来源于人的价值取向和主观判断。只要人们在情感生活和两性关系中体现的高雅有情调，不庸俗不放纵，那么他的色就不再被称为色情了。同样是一部有男女裸露镜头的影片，但裸露得太多太直接，描述得太突出，从头到尾都少儿不宜，那就叫色情片；但有情节，有内涵，渲染艺术效果的那就叫情色片了。所以，色情与情色与否，看的都只是你在别人心目中的形象而已。

色情与情色从字面上一般理解为：色情重色，情色则重情。色情是赤裸裸的生理需要与生理活动；情色是暧昧的挑逗，性的体验。色情在中国语言习惯中略含贬义，然而色欲本身不构成让人抨击的理由。古语云：食之性也。

人类的正常性行为，即色情行为是符合自然界生存需要的。而现在的"色情"是指一切不健康、不合法的性宣传与性行为。

情色的定义要高雅得多，它是成年人的一种爱与性、灵与欲的体验。因情而动，因情而变，情色是真实的心灵体验，是水乳交融的情感升华，是一种情趣。色情只注重下半身，而情色是注重上半身。色情使人堕落，情色使人伟大，没有情色的文化是空洞的文化，是令人无法想象的。正如一些人所说："色情是特写镜头，情色是长镜头；小导演拍的叫色情，大导演拍的叫情色。"

在我们一般的观念中，"风流"和"下流"是跟男女之间的关系紧紧联系在一起的，这也很正常，毕竟这两个词最初的来源就和男女有着密不可分的关系。古代人抒发情感，多借助于诗词来表达，因此大多出处都是古诗词。古代文人大多思想开阔，性格浪漫，喜欢聚集在酒肆茶楼或者青楼妓院来抒发情意，借以逃避对现实生活的不满，所以才会留下那么多的脍炙人口的诗词。他们在青楼妓院里的知名度，甚至远远高于在社会中的知名度。当时的歌妓也非常喜欢这些文人，欣赏他们写诗作赋，有时候，这些诗词也能让一个不出名的歌妓红遍大江南北。

古代文人的风流轶事多发生在青楼妓院，且一般被定义为风流，于是有些现代人对此深表质疑：这风流和下流到底怎么区分呢？唐代大诗人杜牧有一首脍炙人口的诗："落魄江湖载酒行，楚腰纤细掌中轻。十年一觉扬州梦，赢得青楼薄幸名。"在这里，杜牧到底算是"风流"呢还是"下流"呢，很难区分，因为不论在当时还是在今天，没有人为"风流"和"下流"两个词下一个完美的定义。

盛唐时期咸宜观有个知名的女道士，叫鱼玄机，传言她是一位不可多得的才女。她流传后世的词不多，最广为流传唯有那首《赠邻女》诗："羞日遮罗袖，愁春懒起妆；易求无价宝，难得有情郎。枕上潜垂泪，花间暗断肠；自能窥宋玉，何必恨王昌。"在古典书籍中常常能看到对于鱼玄机的评价是"风流女道士"，可是如果在现代人的眼中，这个鱼玄机到底算是"风流"还是"下流"？

古代文人喜欢风花雪月，喜欢出入青楼妓院，喜欢狎妓郊游，我们应该将这些前辈的行为定为"风流"还是"下流"呢？正如狎妓是当时社会的流行风尚，现代人中那些经常出入娱乐场所，与异性发生金钱交易的人，是不是也是这一性质的延续？比起古代，现代社会也不乏很多文化人，知识水平

高才华横溢者亦大有人在，那么倘若在一夜春宵后，附作一篇优美的散文描述赞美之，是否也就不算下流了呢？

在声色场所出入的古代文人们，多多少少都会写一些关于自己和青楼女子的诗句。生性浪漫的李白、唐伯虎就不用说了，即使是辛弃疾这种豪放派的爱国词人，也和青楼女子有着纠缠不清的过去。在他的《南乡子·赠妓》中写和青楼女子离别的场景时，极为感人："别泪没些些，山盟海誓总是赊"，多么感人至深，我们姑且不论这情意是真是假，至少我们不忍心冠之以"下流"的帽子。

袁子才的《随园诗话》中有这样一则典故："杭州多闺秀，有张夫人者美而贤。郎主喜狎邪，老不能禁。而虑其染恶疾也，规以诗云：'此去湖山汗漫游，红桥白社更青楼。攀花折柳寻常事，只管风流莫下流。'"真是娶妻淑如此，夫复何求呀。只是所谓风流与下流，是因人不因事的，文人雅士宿妓是为风流，市井伧夫嫖娼则为下流。就说这个袁子才，他何尝不是大摇大摆地刻了个"钱塘苏小是乡亲"的印，以和一个妓女同乡为荣，除了风流才子，还有谁敢如此冒天下之大不韪呢？如果是村夫，早就是恬不知耻的表现了。猪八戒垂涎高老庄的千金时，如果先写一首唐诗寄给她，或许大不了也只是像《莺莺传》里的张生那样，后人又怎么会说他好色下流了呢？

口里念叨着"随风潜入夜，润物细无声"的穷酸文人，深夜翻墙入户缠绵一番叫做"风流"；大字不识的村夫白丁哪怕多看一眼身边经过的大婶都叫"下流"。一个普通人倘若讲几个荤段子，是谓下流，倘若他有了点学识和名望，便成了风流。这样的评价，或许有的人喊冤，有的人却偷着乐。这种对"风流"与"下流"的划分方法，有点"胜者为王败者寇"的味道。

在一本另类词典里给"风流"下了这样的定义："风流是一种发生在高贵人身上的下流行为。"在这里，风流与下流画了等号。正统词典里对风流的一种解释是"指男女之间的放荡行为"，"放荡行为"不就是下流吗？只不过这种放荡行为发生在"高贵人"身上时，要给点面子，叫做"风流"。而"下等人"没地位、无面子可言，就变成了下流。

其实两者的行为并没有太大的差距，只是面对的人不一样，评判的标准就不一样罢了。如果是一个伟人或名人，做了对社会进步有意义的事情，被大家认可，自己就拥有了较高的社会地位，这让自己有了做风流人物的资本。

但风流男人之外的普通男人也有着同样的需要，但由于社会地位的不同，他们在男女关系上哪怕做出一点点不雅的事情来都被称为下流，甚至见到美女多看两眼都会被别人报警，这就是不同人地位或品位不同导致的判断标准的差距。

结语

如此看来，所谓"风流与下流"，公婆各自有理，没有统一的标准。但大人物与小人物，由于客观差距和主观价值判断上都有差别，所以出现大人物的风流和小人物的下流这一评价结果也是不可避免的。

正因为如此，我们文化上把"梁祝"、"牛郎织女"奉为爱的经典，把唐伯虎、柳永列为"风流才子"，而把西门庆、潘金莲视为下流淫荡的典范，无论从价值观还是道德角度来讲，他们之间都是存在很大差距的。

下流固然百分百是贬义，是我们需要旗帜鲜明地去反对的，但与之对应的风流，不管如何存在褒义，除去至真至爱的部分，大部分风流终归也不是爱情。尤其对现代人而言，风流的对象不具备唯一性，也不存在排他性，风流者大多以同时拥有多个情人为荣，甚至朝三暮四。在这里，爱的纯洁性遭到无情的践踏，因此它是反爱情的。现代社会的风流往往对现有婚姻制度及社会伦理道德、家庭体制造成破坏。所以现代人嘴上流行的"风流不下流"，很多时候只是一种幌子而已。

4

婚外恋中的生理与心理

生理和心理是人类世界的两大问题，生理是先天就具有的，心理是后天成长过程中慢慢形成的。

婚外恋，首先涉及到生理，而这个问题是人类生来就有的，即人类的动物本能，基本无法改变，只能尽量控制，这里的生理包括性欲，也包括由性欲直接引发的情欲。而心理，是人类的动物性向人性提升的部分，是人类思维和情感的范畴，婚外恋中也有各种心理因素的作用。

二者相较之下，生理问题是根本，心理问题则更能体现人性，可以经由后天改变，而且，心理对生理也能起到一定程度的控制作用。

食色，性也

子曰："食色，性也"，意思是食欲和性欲都是人的本性。在现在这个社会，与其给婚外恋找个冠冕堂皇的理由，不如从人类的本源说起。人类的祖先是类人猿，动物而已，而性欲，只是动物的本能。

文化使人类单纯的动物本能上升为美好的爱情。在西方，有弗洛伊德的"性本能"说，表达了人类性生活的社会学属性。在马斯洛的人的五个需要层次中，他将人的生理需要归纳为第一需要。

美国人类学家海伦·费希尔的研究揭示，当人体达到一定的激素分泌量时，就会自然产生性的渴望和要求，从而具有了强烈的与能够满足这种渴望和要求的对象进行交往的欲望。当有某种刺激产生时，比如视觉、听觉、嗅觉、触觉等，而使你感觉与你的梦中情人符合时，便会被其所吸引，这种吸引是无法控制的。当你被一个人吸引时，你就可能会不知不觉变的缺乏判断力，心甘情愿的为其做许多事情，产生依恋。

这种对依恋的稳定期通常是4年，换句话说，再专一的婚姻，那种如胶似漆的爱恋感觉最多也就持续4年。4年之后，很可能被另外的人所吸引所打动，转而喜欢他人，移情别恋。特别当这个人不能从道德标准上约束自己，责任意识淡薄，忘记了婚姻的义务，就可以会重新坠入情网而忘记婚前的誓言和承诺，甚至放弃原有的婚姻。这就是婚外恋产生的原因之一。

当然，说爱情的依恋稳定期是四年，并非是移情别恋的理由，更不是婚外恋的正当理由，事实上也不是人人结婚几年后都会发生"情变"，因为婚姻毕竟还要受到其他几个因素的制约。

具体来说，从生理角度，有以下几种原因造成婚外恋的产生。

性欲本能：性生活是夫妻生活的重要组成部分，是维系正常婚姻关系的纽带。如果性生活不和谐，夫妻间的一方在性爱中长期得不到满足，这种性欲本能上的缺失需要弥补，就会导致婚外恋的发生。特别当一方性功能存在障碍时，会让对方带来生理与心理上的缺憾，很容易导致夫妻感情不融洽，甚至赌气吵架。

如果这种性生活上的不协调长期持续下去，其中一方或许就会由内转外，另觅新欢。有的人因为夫妻分居，寂寞难耐，或者夫妻关系不和，因而主动寻找第三者或乐意接受第三者予以补偿，从而形成婚外恋。其实，性生活并非夫妻生活的全部内容，只要夫妻之间加强联系，感情上多沟通，心里想念对方，生活照样充实，何须寻求外在补偿。

性怨恨心理：性生活是夫妻生活中一项十分重要的内容。如果丈夫因为性功能障碍，或因为追求事业终日忙碌，忽视了给予妻子温情，或丈夫在外面贪恋酒色，不能满足妻子正常的生理需要，久而久之，就会使妻子产生怨恨心理，从而极有可能"红杏出墙"。随着社会生活节奏加快，压力增大，性生活往往被淹没在日常琐事中的夫妻忽略，排到相对不重要的位置，当夫妻一方需要更多的性生活又在家里满足不了时，外遇也就成了一种寻欢作乐的新尝试。

欲望多样性：人的欲望是无穷无尽的，都喜欢吃着碗里的望着锅里的，物欲如此，情欲也如此。人的欲望需求复杂多样。世间男男女女，千种面容万般姿态，千般性格万种风情，令人心潮澎湃不已。而我们整天面对的都是同一个人，面对一成不变的容颜和性格，正如每天都面对同样的饭菜，时间久了自然了无滋味，毕竟人都喜欢新鲜感。但世上没有风情万种的人，在一夫一妻的体制中，这种欲望多样性的缺失无法得到满足，自然便生成了婚外恋。

过去的皇帝，后宫佳丽无数，妻妾成群，想宠幸谁就宠幸谁。尽管如此，有些皇帝老儿仍不满足，时不时还会微服到青楼妓院寻花问柳。如今时代不同了，一些达官显贵社会名流，虽然在好色上受到很大制约，有许多不便，但他们仍禁不住屡屡犯忌，做出一些出轨的事。

据报道，前总统克林顿曾因婚外性闹得满城风雨，全世界人民都知道；意大利总理老贝更是一个老色鬼，花边新闻不断。这些都是有关于现代大人物们的风流轶事，而民间的风流轶事更是多得数不清。

这些风流轶事无不表明，人没有几个不好色的。对于人为什么好色，有得道僧人曾经做过这样的解释：人之体内都有阴阳两气，阳气旺，则阴气弱，阴气旺，则阳气弱，阴阳两气失衡，久而久之，自会感觉焦躁、难耐，需要和异性"二合一"，寻求阴阳平衡。

由此可见，好色实乃天生，属自然的生理需求。"做了皇帝想成仙"、"人心不足蛇吞象"，古人早已将人类无边的欲望看破说穿。尽管也有"知足者常乐"的告诫，真正明白其中内涵的恐怕只有那些山间的隐士。世人则终生都在忙碌奔波，去充填生活欲望的无底洞。人类从赤身裸体、茹毛饮血、夜宿洞穴到衣冠楚楚、美酒佳肴、身居华宅，正是靠了不知足的欲望作为驱动力。物欲无边，情欲也无限。

尽管说人的性欲与情欲都具有多样性，且有一套阴阳学说验证。但我们也要明白，好色不等于可以无法度的滥交，好色决不能成为我们滥交的借口。就如人都好吃，但不能滥吃；人都好财，但不能谋取不义之财。否则，我们所处的世界就会乱套，人类社会将难以为继。

男子的情欲如此强烈且需求多样，女子的欲求其实也并无太大区别。据说武则天担任皇帝期间也有男人构成的"三宫六院"。世间男妓没有妓女那么多，也只因为男权社会的缘故，并不代表女人的生理欲求少。假如男女在社会地位上没有差别时，男女情欲的显露也就没有明显差别了。

人类对情欲的追求是无止境的，只要条件允许，人类总是不由自主地追求更大的满足。随着社会发展，处于知识经济时代的现代人，体力劳动的时间大大减少，自己可以控制的闲暇时间大大增多，同时，生活条件明显提高，信息边界急剧扩张，对情欲的要求无论在质量上还是在丰富程度上都有明显的提高。

婚外恋是肉欲与情欲的需要。欲望根深于人心，是动力，也是陷阱。结婚后，当男人和女人面对着熟悉的身体，已经失去了原有的热情，平淡得就像是"左手握右手"的时候，男女心里就埋下了一个小小的爱的火苗，婚外恋便有了滋生的土壤。

当然，这里不是说所有人都以情欲至上，容易陷入滥情。但人类的基因中似乎生来就有博爱的种子，即使爱着一个人，见了另一个可爱的人还是很喜欢。近年来，有人提出了婚外恋的"遗传"因素，是否有道理，还需要科学的进一步验证。

动物界不乏婚外恋者，动物本能如此。鸟儿热衷婚外恋。多年来，人们一直认为鸟类对配偶的忠诚十分普遍。戈瓦蒂报告说，在180多种一雌一雄生活的鸟类中，只有大约10%仅与"配偶"发生性关系，90%都有"拈花惹草"的行为。

鸳鸯在中国是恩爱的典型，常被称作"守情鸟"，人们惊美于它们雌雄成双，形影不离。汉代名诗《孔雀东南飞》写道："中有双飞鸟，自名为鸳鸯，仰头相向鸣，夜夜达五更。"诗中的鸳鸯，形象又生动地象征着二人永久不渝，以身殉情的爱情。然而，鸳鸯并非如人们所说那样恩爱情深，生死与共。最新研究发现，雌雄鸳鸯在热恋期间的确情深意长，形影不离。但交配后，雌雄鸳鸯便分道扬镳，抚育重任全由雌鸳鸯承担。专家还做过这样的试验，当鸳鸯中的一只被捕捉后，另一只并未以身殉情，或是守情终身，没过多久便不甘寂寞另寻新欢了。由此可见，鸳鸯并非传说中那般守情，只是人们对它们刻意地去演绎、美化罢了。

东蓝鸲一直被很多西方国家视为爱情专一的象征。然而事实上，东蓝鸲也常常发生外遇。佐治亚大学的行为生态学家帕特里亚·戈瓦蒂发现，一对共同生活的东蓝鸲所抚养的后代中，有20%不是雄鸟的亲生后代。有人曾做过实验，捕捉几只生长在北美的雄性羽衣鸟，然后将它们的精囊切除后再放置鸟巢。手术后的第9天，实验者发现这些雄鸟势力范围内的鸟蛋中约有7成受了精，这些蛋肯定不是已绝育雄鸟的杰作，可判定，这些受精鸟蛋是雌鸟背地里与势力范围以外的雄鸟偷情产下的。

鸟类中偷情成性的典范是雄性大苇莺，它们的配偶永远都不晓得丈夫有多少个妻子。雄鸟一旦吸引了一个雌鸟并与其产卵后，就可能飞到另一个洞穴去，试图开始秘密的另一段情。并且，这位花心的丈夫择偶时，两个巢之

间的平均距离仅200米，有时可远至数公里。

为什么有如此之多的鸟儿偷情呢?许多研究表明，鸟类在繁殖期与其配偶之外的异性交配，是生物学法则作用的缘故。雌鸟寻求外遇是为了使后代获得更加优秀的基因，而雄性动物则希望有更多的儿女。为了繁殖尽可能优秀的后代，雌性动物不断寻求与地位更高、素质更好的雄性交配，这样它们就可以生出素质较好的后代。

一项最新研究结果也正是了这个观点，在加纳保护区内鸟儿的婚配方式与它们的命运竟然有一种令人惊讶的关系：那些忠贞不渝，奉行"一夫一妻"的鸟类面临着更大的灭绝危险。这一发现提醒我们，雄鸟和其他雌鸟偷欢，更符合自然法则，因为那样它们繁殖的机会就会大大增多，而且遗传基因也将更加多样化，可避免趋同基因造成的遗传缺陷，所以我们要了解自然、尊重自然，不能用人类的价值观来否定鸟儿自己的生存法则。

(选自：朱翔，鸟儿为何热衷婚外恋，《今日科苑》，2007年第7期)

人的内心深处有着双重的东西，即作为智慧属性的人性和作为动物属性的兽性。人性，是美丽的，它闪耀着理性的光辉，人之所以能区别于其他动物，能成为万物之灵，就是因为人性的缘故。而兽性，是人作为动物所具有的本能，它时时刻刻潜伏在我们体内。

但令人悲哀的是，在这个所谓的人类文明世界里，兽性正不时地欺压着人性。古罗马帝国的灭亡，不能不说是人的兽性爆发的结果，诸如杀戮、乱交、杂交等遍及全国，在那里人性已经被彻底地践踏在脚下。

在今天这个社会里，我们又面临同样的问题，虽然我们自诩今日的现代人与过去相比更加文明。随着经济的发展，人的各种欲望充斥着整个世界，虽然称不上兽性，但也远离了原本的人性，我们变得贪得无厌，变得浮躁不安。当然，我们也有一些美好的愿望和美妙的憧憬，但更多的是需要宣泄欲望，需要抚慰脆弱的心灵。

当今中国社会，一些已婚男人依然寻花问柳，已婚女人也欲拒还迎，这种对待两性关系的态度实不足取。好色本无错，但不遵守法律和道德，不尽好对家庭和社会的责任，或对第三方构成伤害，这都是该受到抨击的。我们不提倡性禁锢，我们提倡的是有节制、遵德守法的健康性行为。对于违法乱纪的好色，理应依法予以制裁，对于违背社会公德的好色，也要予以谴责。

先天之本后天养

"先天之本后天养"是个健康养生词。原本是指，一个人的体质条件是先天的，没得选择，只能靠后天，针对每个人的具体体质进行养生。同样，前面我们描述了食色皆是人的生理本性，但并不是每个人都出轨，都有婚外恋，还需要后天条件的助推。

从心理看，情感和美感是一定条件下人心理的主观体验，喜欢与厌倦是矛盾的统一。拜伦就曾寻找到一个他小说中的女神:羚羊般的眼睛，善解人意，羞怯天真，贤淑肉感而又贞洁。而当拜伦对她认识较深刻时，却发现她与其她人一样有兽欲，有嫉妒心，于是拜伦不得不躲开他的"女神"。

厌倦其实是对熟悉事物的过分了解。而一个屋檐下相处数年的夫妻无法不过分了解对方，因而当任何一方都不再掩饰自己时，便粗暴得没有宽容和客气。于是，人在失望的感伤中便去寻找某种心灵的碰撞。当新的爱情与一夫一妻制再次发生冲突时，文明社会的人们便要么"偷情"，要么离婚。

不同个案的婚外恋有其不同的心理因素，我们接下来总结出其中几个具有代表性的心理予以探讨。

寂寞心理

这种心理最常见，也最接近生理需求。因为寂寞，所以出轨。有一句俗语:小别胜新婚。但小别的时间长了，也是个问题，夫妻的感情原本是刚盛开的玫瑰花，美丽而芳香，但时间长了，花渐渐凋谢，香味也渐渐没了。

倘若一个男人，经过年轻的拼搏之后生活稳定、事业顺心，面对黄花秋叶的妻子，他的心如一洼平静的湖水，再也无法掀起波澜。她不仅色衰了，而且满腹的唠叨、抱怨，他辛苦一天回来见她如此形象，心里必定厌烦。此时，若有一位身材窈窕、温柔如水的女子投怀送抱，说几句温婉的话，递上几个销人魂魄的秋波，来上几个恰到好处的撒娇，他不动心很难。

或是一位感情经历坎坷的女子，经过许多年的感情颠簸，终于有了一片自己的天地。面对伤过她心的那些旧日爱人或对她不冷不热的丈夫，她心里已经没有几分真爱残存。此时，若有位懂她、爱慕他、怜惜她的人表示出爱意，她不动心也难。

由于工作原因或是两地分居，丈夫与妻子经常聚少离多。这个时候如果夫妻双方缺乏家庭责任感，互不关心，电话、短信交流过少，看见别人成双成对，相偎相依，而自己却孤苦伶仃，独守空房，更易触景生情，久而久之，夫妻之间的感情就会淡漠，产生寂寞心理，感到没有精神依托。此时，如果遇上合适的异性，双方都可能丧失抵御诱惑的能力，为寂寞的生活寻求慰藉，去寻找能够重新唤起激情的爱来。

人都是有感情的动物，情感需求是人的一种本能。一个人心中如果缺少来自异性尤其是爱人的关爱，会出现压抑心理，从而萌生找个其他人来代替的念头。当然有人会说，大家都是理智的成年人，而且有家有室，不会乱来。但很多时候，理智这东西是很虚的，情感往往将之蒙蔽，何况现实中情感战胜理智的例子也不少。"哀莫大于心死"，当一方饱受寂寞之苦时，不可避免地会对婚姻丧失信心。婚姻中有缺憾，就会想办法弥补，于是婚外恋就这么产生了。

对男人来说，"爱情"最好是方便面，想到的时候，饿的时候，吃不到满汉全席的时候，随手冲泡，十分可口，省事就好。也许，哪天吃上瘾了，也不介意拿来当主食。坏就坏在很多男人是你给他方便，他就把你当随便。

失落心理

这种心理大多是因为婚前对彼此缺乏深度了解，一见钟情，草率闪婚；或是恋爱过程中不小心"把生米煮成熟饭"而不得不选择结婚；或者将容貌、金钱、地位等外在因素当作择偶的标准，却没考虑对方的性格志趣是否与自己相符。由于婚前对彼此的了解不全面，在婚后会出现很多事先未料到的问题，从而心理上产生失落感，萌发异心。

婚姻与爱情貌似结合在一体的，但实际上却往往是一种质的分离。除了少数极其现实或具有特定目的的男女，大多数人都是守着爱情跨进婚姻的，但奇怪的是，经历了婚姻之后，很多人都感叹过去爱情的不真实。

世间没有人是十全十美的，每个人的要求也是多种多样的，所以婚姻中的双方不可能完全满足对方的要求，这就是婚姻中的不完美，这种不完美是普遍存在的。双方应该认识到这一点，在日常生活中去不断地弥补和完善，努力创造幸福美满的婚姻。否则，婚姻就会由最初的热烈走向平淡和乏味，在这种状况下，如果一方与婚外的异性交往的情感超越了已有婚姻的爱，就会导致婚外恋的发生。

很多人受文学作品和影视的影响，譬如《红楼梦》、《梁祝》、《罗密欧与朱丽叶》、《罗马假日》，还有描述唯美爱情的韩剧等，它们将婚姻和爱情完美化，造成了婚前对婚姻生活不切实际的幻想，当婚后才发现，原来现实与想象中有不少差距，于是便感到失落。

有的男人或女人，本身有很多缺点，但在恋爱时候隐藏得很深，没被对方发现，到了婚后，缺点全都暴露出来了，于是无法忍受对方。当问题出现的时候，夫妻双方谁都不让着对方，慢慢产生隔阂，造成情感的淡漠，这种情况极容易出轨。

还有些本是有情人，因种种原因失之交臂，最终未能成为眷属，双方各自成家后依然暗恋着对方，当一方夫妻感情不和时，首先会想起旧情人，旧情人也往往产生同情和爱恋之心，于是双方可能旧情复燃。

在婚外恋中，寻找初恋时的恋人的比例很大，他们大都对现有的家庭生活不够满意，随着岁月的流逝，怀旧心理日益增长，在心底萌生出对旧日情人的依恋。和昔日情人没有能够结合的原因很多，比如双方误解、家庭干涉、失去联系等等，结婚以后，如果生活并不如意，他们很容易地就联想起自己

以往的恋人，若有一日相遇，便可能会产生重温旧情的念头，出现婚外恋情。

此外，还有些人婚外恋是想证明自己魅力依旧。男人在40岁到50岁之间有一段叛逆期，这就是所谓的"中年危机"，在这个时间段，男人开始质疑自己的生命是否开始老化。他们会觉得自己错过了人生中最好的年华，仿佛一直为生活和工作奔波，却从来没有享受过生命的乐趣，内心深处及时行乐的思想开始被唤醒。于是，看到年轻的女孩子，他们就想要重新来过。

猎奇心理

夫妻结婚时间一久，生活渐渐趋于平淡，新奇感和神秘感逐渐消失殆尽，夫妻生活成了一种惯例，缺少了激情，感情就可能变淡了。此时开始羡慕他人爱意缠绵的生活方式，并想去体验这种方式，于是产生婚外恋。

尽管夫妻在婚前爱的如胶似漆，但婚后爱的内容和方式千篇一律，生活变得枯燥无味。相反，婚外恋却带来新奇与浪漫，甚至通过婚外恋能够重温那种热恋时令人陶醉的感觉。因此一些自制力较差的人就会经受不住好奇心理和诱惑，频频地与其他异性交往。

喜新厌旧，寻找刺激，在现实生活中并不少见。由于夫妻双方在婚前生活比较浪漫，而婚后生活却被大量实际的事情所充满，原来浪漫的生活色彩会逐渐暗淡起来。有时再加上某一方的地位变化，夫妻之间条件相距较大，变化的一方会依据自己头脑中喜爱与不喜爱的模式去与异性交往。如果，所接触的人是自己心目中非常喜欢的，这种喜新厌旧、见异思迁的心理会是十分强烈的，这样就很难收住迸发的恋情，会不顾一切地去追求新欢。

猎奇心理能否给情感上以满足，这就难说了。感情的道路上，因为猎奇心理的存在，我们容易失去方向，喜欢不断的寻求激情，以找到自我的存在，所以寻求激情成为了感情生活的一部分。尤其当婚姻面临多重矛盾、遇到难以解决问题的时候，总是喜欢用这种极端的方式解决问题。换了一个新的后，经历之后才知道，这个其实也不是自己要找的那个，于是便再去更换一个新的对象，结果换来换去，始终找不到属于自己的那份感动。

好奇心理有时候还受到影视作品的影响。现实中的夫妻生活大多平常单调，甚至平淡无味的，而反观影视男女主人公却与情人爱意缠绵，浪花迭起，过得有滋有味，于是自己也想体验一下这种生活，在这种好奇心理的驱动下，逐渐产生婚外恋。

报复与报恩心理

报复心理在婚外恋中也比较常见。譬如一方有不忠的行为，另一方的性心理安全感受到打击，就会有可能采取报复行为而产生婚外恋。

其实，既然知道外遇是错误的，自己应该找合适的途径去解决这个问题，而不是明知故犯，自己也去找第三者。这样不但于事无补，还会造成事态的恶化。况且，婚姻自由，如果感情确已破裂，且无和好可能，可以选择离婚，好聚好散，何必要报复对方呢？

报复的原因也不一定就是不忠，还有一种情况是感情长期不和，于是对外寻求补偿。感情是维系夫妻关系的基础，有些夫妻婚前感情基础不牢，婚后又缺乏理解和培养，长期感情不和，双方就可能各自另辟蹊径寻求补偿，希望在婚外恋情中获得情感的慰藉，以消除心理上的焦虑和精神上的痛苦。

与报复心理相反的是报恩心理。"滴水之恩，当以涌泉相报"，知恩图报是中华民族的优秀道德传统。因为生活有困难而得到对方帮助，或者因丈夫长期在外，家庭长期得到对方照顾，或在感情受创时得到异性的同情、抚慰，在生活中情感和精神上予以支持，很自然会产生一种感激之情。这种感激之情很容易在相互接触中得到强化，并升华为爱情，不管对方是否结婚，自愿以身相许，从而产生婚外恋。

当然，报恩心理有时仅仅是一种误解，很多时候，对方诚心帮你，并不是为了图什么回报。没事还好，如果万一影响到了对方的家庭，那就成了好心办坏事了。

从众心理

除了夫妻感情不和、性欲释放外，从众心理也是许多男人婚外恋的重要原因。周围的朋友或熟人都有了，我也应该有，如果没有，那么会受到嘲笑。受从众心理的影响，某些人看到别人那样做，自己也会情不自禁地跟着做。

同时，社会的风气也造成了一种误解，认为男人出轨是种很伟大的事件，许多在事业上有成的人士，总是喜欢在兄弟朋友面前炫耀自己拥有多少情人，把这种"光荣"的事情当成自己成功的资本，最重要的还有许多女人和男人面对这种炫耀的时候暗中羡慕，结果就形成了恶性循环，你追我赶的去出轨。

享乐心理

在市场经济社会，贪财图貌，享乐拜金者多如牛毛。有人因为贪图女方的美貌或男方健美的身躯，主动示爱，从而产生婚外恋。有的人因为贪图对方的钱财，不顾自己的人格，主动委身于对方，以换取钞票，从而形成婚外恋。有人羡慕对方名利与地位，利用婚外恋的方式来满足自己的虚荣心。

其实，金钱乃身外之物，多则多用，少则少花，相比起金钱，人格才是无价的，为何以无价的东西换取几张钞票？同样，有钱的人也应明白，既然对方贪图的是你的钱财而不是你这个人，又何必为对方付出真情？

90%的男人是视觉型的。任何男人告诉你"长相不重要，外表是其次"，都别相信他。

对于那些出轨只为贪图美色的人，有没有想过，人外表的美丽随着年龄的增长终究会消失的，只有心灵上的美丽才是永恒的。要善于发现夫妻双方的闪光点，在生活中彼此真情相待，这种真情带来的愉悦才不会随着时间的流逝而消失，相反，它会久而弥笃。

有的人因为受性解放思想的影响，或者受淫秽影视书刊的影响，认为人生在世，吃喝玩乐，趁着年轻，及时行乐，因而滥交异性，从而产生婚外恋。他们之所以有外遇纯粹为肉欲所迷，甚至会利用妓女来满足。

性解放在两性发展史上虽然有一定的进步作用，但它在很大程度上降低了婚姻关系的稳定性，淡化了亲缘情感，甚至提倡婚前和婚外性行为，这些都是有害的。至于淫秽书刊和影片纯粹是害人的毒素，我们应当树立正确的道德和人生观，自觉抵制这些糟粕。

其他心理

有的男女为了达到某种隐蔽的目的，组成一个阵线，互相勾结，狼狈为奸，成了一根线上的蚂蚱，双方之间谁也离不开谁，时间久了产生婚外恋。

有的妻子学历或地位或成就业绩等比丈夫高，觉得丈夫各个方面都不如自己。而做丈夫的恰恰又不愿积极进取，甚至索性靠妻子吃饭，就容易使妻子觉得丈夫配不上自己，妻子会有种"恨铁不成钢"的感觉，甚至在外人面前觉得没有面子。如果妻子各方面条件都优于丈夫，那么出现婚外恋的几率较大。

有的人自制力不强，一时心血来潮，喝点酒或到了生理发情期就会产生偷情的想法，并采取行动。虽然事后这种事在众人面前会很难堪，不过却是实情。

有的人在结婚时接触的异性很少，经历的事情也不多，没有达到情感上的成熟，有可能会在婚后找个异性来帮助自己塑造完整情感。而且在婚后，能追求到情人可以证明自己依旧有魅力，这也是一种典型的自恋情结。

还有的人具有双重性格，"一半是冰山一半是火焰"，在配偶面前的表现与在情人面前的表现大相径庭。在配偶和亲人面前显得高尚传统、循规蹈矩，保持一贯良好的形象，但是在情人面前却像换了一个人，变得庸俗下流、放荡形骸。这种人要么就是心理受压抑太久，要么就具有人格分裂倾向，有时候，这种人甚至自己都无法认识自己，惊讶于自己的所作所为。

当然，这些只是理论中的心理，现实生活中人的心理是复杂的，婚外恋中，这么多的心理诉求并不一定单一出现，也不一定就是这其中的一个，人是琢磨不透的，有的心理我们根本猜不出，不然社会就不会出现这么多变态的人了。

《情迷六月花》（Henry&June，1990年由菲利浦·考夫曼执导）中的阿娜依丝·宁的故事会让人多少有些震惊。影片取材于一个真实的故事，讲述的是心理学家、日记作家阿娜依丝·宁、美国作家亨利·米勒和米勒的妻子琼三人之间复杂的情感纠葛。

20世纪30年代初，阿娜依丝·宁与银行家丈夫雨果在巴黎定居。她在日记中透露出对性的幻想，不久作家亨利·米勒和他妻子琼的出现，点燃了她身心的烈火。

如果说从追求幸福婚姻的角度去解释阿娜依丝·宁的种种行为，根本行不通。阿娜依丝的丈夫银行家雨果身体结实，一表人才，用情专一，善解人意，体贴宽容，学识和经济能力齐备，雇佣人，住别墅，开名车，任由年轻貌美的阿娜依丝在家中读书写作，陶醉在文学的世界里，在工作之余还陪她邀朋访友。以现代的标准看来，他完全是一位成功人士和模范丈夫，是众多女性心目中的白马王子。他们俩走到一起真可谓郎才女貌、女才郎貌的绝配了！这种结合常常让人羡慕不已，哪里会有不满和抱怨，又何至于红杏出墙？

然而，这类事情毕竟发生了。优越的家庭条件使得阿娜依丝对于物质并无更高的追求，但是她在精神上却时时感到躁动和不安。丈夫的爱抚和关心难以抚平她的心绪，难以满足她对无限激情的渴望和对充分自由的向往。就在此时，她经人介绍结识了落魄的旅法作家亨利·米勒。交往中，他身上那种放荡不羁的波西米亚似的气质和生活方式深深吸引了阿娜依丝那颗不安的心。于是，他们开始了一段难忘的婚外恋。

此后不久，米勒的妻子琼从美国赶来。阿娜依丝又被琼惊人的美貌和特有的神秘气质所吸引，两个女人之间又发生了恋情。深陷各种情感纠葛之中的阿娜依丝始终像钟摆一样徘徊在快乐和痛苦的两极，享受不到片刻的宁静，最后几近精神崩溃！她将自己灵魂的挣扎历程真真切切地倾诉在日记之中。阿娜依丝的情感是极其复杂的。她一方面与亨利发生婚外恋，一方面和雨果仍维持夫妻之实。她先是迷情于亨利，后又深爱上了琼。

影片有几处经典场面：一处是有一次阿娜依丝无法从亨利那里得到满足，

就回家和丈夫燕好，之后又带他到妓院招来两名妓女表演爱抚的动作;一处是阿娜依丝走到酒吧的后门，黑暗中急切而冲动的米勒跟上她，两人开始爱抚亲热，阿娜依丝很快沉浸在对米勒的渴望之中；另一处则是阿娜依丝跟着琼，最终在巴黎的一间狭小的阁楼里，两个女子陷入激情的放纵之中。

（选自：王庆勇，三部电影中女性婚外恋的背后，《电影评介》，2008年13期）

结语

现代心理学大师弗洛伊德在《梦的解析》中认为人的一切原动力皆来自于"力比多"（libido，即性欲)。他还提出了"本我、自我、超我"三重人格学说。他的观点给我们提供了两点启示：人的激情有生理的基础，其本源就隐藏在本我之中；人的激情会受到自我和超我的调节和压抑，但是也像炸弹一样随时有爆发的可能。

另一个美国心理学家马斯洛关于人的需求层次的学说告诉我们，人在满足温饱的情况下，就会努力获取精神或心理上的满足，追求自我实现。

可见，人的激情和自由欲望内在于人本身，既有生理的一面，又有心理的一面。《情迷六月花》借助婚外恋的题材很好地诠释了人们对激情和自由的渴望与追寻，以及激情爆发后产生的极度的快感、心灵的震荡和精神的痛苦，同时也启发人们积极思考人性与婚姻之间的冲突和矛盾。

"婚外恋"从字面上它是一场恋爱，但从实质上它是一个偷情、偷性的过程，人性中对激情与自由的追寻既具有破坏性又具有建设性，婚姻制度作为人类的一大发明一直传承至今，它在维系社会稳定和维护既有文明的同时，也似乎和人性发生着冲突。如何在维持婚姻与释放激情、满足自由之间寻求平衡，解决婚姻中生理和心理方面存在的种种问题，仍将是一个长期困扰现代人的问题。

5

婚内婚外的双重情感

情
爱
「
彩
片
」

钱钟书先生说，"婚姻就像一座围城，城外的人想进来，城里的人想出去"。这句话形象地解释了婚姻内外的两种现象。

这看似矛盾的现象有其存在的理由，城外的爱情如熊熊烈火，轰轰烈烈，城内的婚姻如涓涓细流，波澜不惊。城外有葡萄美酒，风情万种，城内有十年陈酿，醇厚芳香。两者各有各的味道，各有各的精彩，我们究竟该如何取舍？

婚外恋是介于城内与城外的一处风景。婚外恋中，围城内的人在犹豫不决中惯性抵抗着，围城外的人软硬兼施急欲攻城拔寨。究竟鹿死谁手，谁主沉浮？让我们看看婚内婚外双重情感的较量。

复杂发散的情感

我们生活在这大千世界里，一生中除了与家庭成员在一起，必然要与家庭以外的异性接触或共事，而每一个人都有各自的特质和品格的闪光点。这些品格由于隔着一段距离，总觉得有许多神秘和诱人之处，这些诱人之处就为找情人埋下了伏笔。

性是找情人的一个重要原因，但除了性之外，人情感层面上的渴望和需求也是找情人的一个重要理由。婚前的浪漫和结婚初的甜蜜渐渐地在柴米油盐、日常琐事中消失，家的概念也仅仅变成两人一起搭伙过日子的场所。夫妻双方不再想着如何去制造浪漫取悦对方，不会在拥抱对方时激动万分，甚至不会再去克制自己的情绪。此时，爱情的红酒已经化为白开水了，爱情已经被亲情替代，随之而来的只有习惯、无聊和种种烦恼。这时候如果遇到一个令自己心动而且乐于与自己交往的异性，那婚外恋的种子就会不可避免的

萌发了。

如果说夫妻是生活的伴侣，那么，情人则是心灵的慰藉。现实的生活往往给人带来种种压力，有形的无形的都有，男人要挣钱养家，女人要照顾孩子，日复一日，年复一年，生活变得日益枯燥乏味。在家里苦闷无聊，只有在情人的怀中才能获得情感上的愉悦，寻找到心灵归宿，才能暂时忘掉一切烦恼。所以，找情人的根源不仅仅来自生理上的冲动，也不是男女间游戏人生，它更反映出婚后男女们对空虚心灵的一种排遣。此外，现代工作生活节奏越来越快，人们的情绪时刻处于紧张中，身心疲惫不堪，我们都希望得到心灵上的彻底放松，而情人给我们提供了一个倾诉的对象，提供了一个情感的发泄的出口。

所以我们说，找情人也并非是一件羞耻的事，特别是那些在婚姻中感受不到任何幸福的男女，婚姻对他们来说已成为一潭死水，当他们无奈地寄希望于婚外情时，他们内心可能也是充满自责的，他们或许只是希望通过一段淡淡的感情，得到精神上的安慰。这种情况下，我们不能不分青红皂白给予抨击。

情人不同于"二奶"，"二奶"是一种利益的交换，含有很强的物质和金钱味道。相比之下，情人更多是源于心灵层面的吸引，是情与爱的碰撞与交融。特别是一些痴情的情人，和你在一起的时候，不图名不图利，没有未来没有结局，但却一直鼓足勇气坚持着，如飞蛾扑火，化作灰烬也无悔。

情人对很多传统的人来说或许很遥远，但很多事情往往就是在猝不及防中出现的。在生活或工作中，不经意间建立了一份惺惺相惜的情谊，产生了难以莫名的心动，因缘际会，一份情愫就在两人之间慢慢萌芽。这是一种愉悦的感觉，让我们无法拒绝，这是一种美好的相遇，值得我们用心去珍惜。

谈到情人，不少人会立刻想到一句话："不在乎天长地久，只在乎曾经拥有。"这句话听起来有点责任感淡薄、游戏人间的意味，很多人说找情人只是为了满足生理需要和某种占有欲，是在犯愚蠢的错误，但正是这种错误恰恰滋润了很多人干涸的内心，弥补了他们生活中残缺的爱。毕竟，有感情的情人总比没感情的婚姻来的更实在。当然，这里所说的情人，多指的是秘密情人，这种情人一般不会破坏对方的家庭。

当各种媒体对情人、"小三"进行抨击之时，我们看到的却是情人的现象在现实中越来越普遍。被骂者往往无动于衷，自己该怎么玩的还照样怎么玩，而那些讨伐者，要么抱着吃酸葡萄的心理，要么嘴里一边骂着心里没准

儿还装着一个美丽多情的"她"呢。人都有七情六欲，拥有一个情人是多数人的向往，没有的，往往只能是没有机会遇到或怕引火烧身不敢找而已。因此，在当今这种形势下，对婚外恋仅仅口诛笔伐是没有太大意义的。

恩格斯曾坦率地说过：只要一夫一妻制存在，卖淫和婚外恋就会伴随着存在。婚姻是狭小的围城，是封闭的。而人的感情似广袤的宇宙，是发散的。我们爱婚姻中的伴侣，天天和伴侣在一起，但这不代表我们就不会对其他异性产生好感。只要我们所遇见的异性符合我们的心目中勾画的优良形象，我们就有可能喜欢上对方。这种偶遇若发生在我们婚前，那最好不过了，他或她直接就有可能成为将来婚姻中理想的伴侣。但更多的情况是我们因为种种原因错过了，或发生在婚后才相遇，此时怎么去弥补呢？离婚一般是不可能的，于是就产生了我们所谈的婚外恋。

婚姻的必要性

上帝造人的时候，为什么只造了两种？大概是造一种太孤单，造三种太凌乱。于是就造两种：男人和女人。阴阳互补，强弱并存，让他们相互吸引，相互依赖，相互交融，同时向他们体内注入了一种特殊的元素：爱情。于是自古以来男女之间不断上演着各种各样的爱情故事，或浪漫唯美，或牵缠挂肚，或悲喜交加，爱情成了人类永不厌倦的话题。

男女被这种神秘不可捉摸的爱情玩弄着，后来感觉倦了累了，于是他们开始把爱情成型。双方一起用爱的砖块把四周都砌成高大坚固的墙，把两个人围起来，与外面的花花世界隔离，让彼此的爱在城中尽情挥洒。这座用爱筑起来的围城有个耳熟能详的名字：婚姻。各个围城中有着不同的风景，快乐的，忧郁的，平淡的，热烈的。

婚姻之所以人类史上长期持续地存在，与它本身所具有的功能是分不开的。男女之间关系的建立与发展，婚姻充当了十分必要的角色。

第一，婚姻建立了家庭经济共同体。家庭是经济社会的基本单位，有了婚姻就有了共同的经济目标，夫妻开始学习营运金钱，学习如何开源节流，学习如何为后代的成长和教育等方面考虑。有了婚姻关系之后，如果有了经济上的困难，也会有人在旁边支援，若是独身，则经济上的提前规划和相互支援是不可能的。

第二，婚姻使性生活对象固定配置。婚姻的一大功能是即满足性的需要，

又使性生活对象固定，在一夫一妻制下，让每个人都有获得性生活并繁衍后代的机会。虽然不结婚也可以满足，但总有许多问题，极端的譬如性生活对象不固定会引起的性病传染甚至艾滋病问题，目前唯一的符合道德观与法律性生活途径是婚姻，滥交或公开的性行为，是要被社会大众耻笑的。

第三，婚姻可以满足心理需要。从心理学角度而言，婚姻除了满足生理需要，还可以满足其他非生理需要，尤其是心理的需要，如被爱的需要及爱别人的需要、避免孤独等。结婚首先可以得到来自配偶的爱，婚后有了孩子，孩子在成长中会不停地要求爱，这时可以对孩子付出爱并得到孩子的爱，待之后渐渐老去、孩子成立新家庭之后，老夫老妻可以携手排遣失落和寂寞，度过空巢期，相伴余生。婚姻提供的这种爱与被爱，满足了人生对爱与被爱的渴求。只有在婚姻关系中，这两种爱才可能长时间持续稳定的存在。

第四，婚姻是人类自身再生产的需要。婚姻可以有秩序的繁衍我们的种族，传宗接代，生产并教育幼小。目前而言，合法的婚姻才能够健康地繁衍我们的种族。虽然现代的科技可以做到不结婚通过体外受精怀孕生子。但不经过婚姻生育子女是会受到社会质疑甚至批判的，也不利于孩子以后的哺育及成长。只有在婚姻中结出的果实才能符合人类有条理的再生产需要。

第五，婚姻可以使夫妻双方在日常生活中相互帮助，提高生活质量，并提高整个社会运行效率。家庭作为社会的细胞，是一个复杂的生产与再生产单位，婚姻中的家庭分工，有助于克服困难，无论对个人还是对社会，都是有益的。

巴尔扎克说：婚姻产生人生，而爱情只产生快乐。维护婚姻文化价值的法宝是极端的耐心和极高的灵智。聪明的人类为了自身的生存，继承了远祖对性的需求；为了维持性的有序性，人类又为自己制定了伦理、道德，创造了"婚姻"。婚姻的美妙就在于它使人类的本能冲动得到了合适的宣泄，又使人类自身质量得到有效的提高。

但婚姻在维护性的有序性的同时，却也抑制了人类对性的多层面渴求，抑制了人类对感官愉悦以及情爱性爱的自由追逐。于是，在婚姻道德的帷幕下，便常常发生着违背道德规范的"偷情"和"野合"；于是就有了"外面的人拼命想进去，里面的人又后悔要出来"的"围城说"。

婚姻的无奈

电视剧《婚姻保卫战》同名小说的序言中，第一句话便是：男人和女人之间自古便是一部战争史。很多人也说，婚姻是爱情的坟墓。钱钟书先生的《围城》给了婚姻一个形象的比喻：婚姻就像是一座围城，城外的人想进去，城里的人想出来。这句简单的话，道出了婚姻的现实与诸多无奈。

如今的世界，处处充斥着人的欲望，婚外恋，像一颗五彩斑斓的水晶，闪烁亮丽迷人的色彩，吸引着无数男女涉足。婚外恋在现代社会中早已司空见惯，不是什么稀罕的事了。随着时代的发展，人们的思想也发生了很大的

我试图闯红灯的时候你不拉我，我刚变了发型你没有感觉。

变化，曾经被人鄙夷、深恶痛绝的婚外恋，渐渐得到人们的默许，社会以匪夷所思的宽容接纳了这种特殊的爱情之花。

在中国的传统观念里，男大当婚，女大当嫁，这是不容置疑的。所谓"洞房花烛夜，金榜题名时"，结婚生子、成家立业是人生的一件大事。但很多时候，我们的婚姻与爱情相关度不大，跟自己结婚的人不一定是最爱的那个。现实中很多人结婚时，更多的考虑爱情之外的因素。结婚后的日子朝九晚五，平平淡淡，在尽到了自己该尽的责任之余便会觉得生活过得没有滋味。时间长了，心里会滋生出一种若隐若现的向往，若是有一天遇到了令自己心动的人，心里的爱情之火就会不由自主地燃烧。

有人说：即使是最完美的爱情婚姻，在经历了柴米油盐、锅碗瓢盆这类家庭琐事的侵蚀之后，也会变得黯淡无光。平淡与无味让双方了无兴趣，矛盾与争吵让双方屡生厌恶，到达一定程度就会产生离婚的念头。但是，现实中的婚姻不仅仅是两个人的事，不是随意就可以离开的，家不能说破碎就破碎，所以只能选择妥协，但内心毕竟还有挥之不去的遗憾和需求，于是只好在兼顾家庭的基础上，在婚外继续寻找美好的恋情，用来弥补已经远离自己的爱情。

婚姻就像鞋子，合不合脚只有自己知道。不少夫妻在外人眼里是恩爱和谐的一对，但实际上在一起并没什么共同语言，甚至关系淡漠，各自独立行事，充其量只是在一起过日子，例行公事。这时候，当围城之外的爱情来叩门时，自然无法抗拒。还有些家庭，夫妻间同甘共苦，恩恩爱爱，妻子贤惠，丈夫体贴，孩子乖巧，然而也许是人在完全愉悦满足之后，容易导致精神上的另一种空白，比如寻求刺激，或者有猎奇心理，此时依然可能会出现婚外恋。

同时，随着生活节奏的加快，家里家外越来越忙碌，很多人被家庭的责任压得喘不过气来。男人一天到晚在外面辛辛苦苦赚钱养家，还被妻子埋怨没别人有出息；妻子在家做饭洗衣看孩子，而做丈夫的认为这都是理所应当，一点安慰感激的话都没有。这种有形无形的压力也催生了婚外恋的产生。

弗洛伊德说过："可以这样说，丈夫只不过是被爱男人的替身，而不是那个男人的本身。"因此，从更深层的角度分析，爱情有时并不是构成婚姻的基础，他们可能是分离的，这也是婚姻的一种无奈。婚姻制度最大的功能和意义是促使男女关系稳固，为社会利益服务，为整个人类的有序发展服务，而并不是保障个人幸福。

婚姻充满了无奈，于是婚外恋变得让人防不胜防，只要婚姻出现一点裂痕，婚外恋就会乘机而入。我们都有七情六欲，都喜欢被欣赏、被重视。而婚姻里双方天天面对，渐渐磨灭了爱情的美好，最初的那份心动早已一去不复返。相反，因距离产生的美感的婚外恋让人欲罢不能。

在现实的婚恋中，传统道德对于婚外恋是说"不"的，这注定了婚外恋难以修成正果，往往以两败俱伤收场，男女双方最后身心疲惫，进退维谷。即便是《廊桥遗梦》中讲述的那段伟大的婚外恋，那份"一生只有一次"的确切的爱，也依然逃不出现实的羁绊。

孰对孰错？

现代人对婚外恋不再是一棍子打死，而是多了一份宽容。婚外恋情究竟是对是错？我们不想随意加以评判。我们宁愿相信这些人中大多数是出于无奈或情非得已，如果一份美满的婚姻和一份美好的婚外恋同时摆在面前供选择的话，我想绝大多数人还是愿意去选择忠实的婚姻的。

金无足赤，人无完人，当另一半缺点暴露，让我们觉得不耐烦时，是否用些耐性去沟通一下，包容对方一些。当一份婚外感情摆在我们面前唾手可得时，是否应该再好好掂量一下，到底该不该去触碰。当夫妻关系出现危机时，双方愤怒之余，我们是否该相互换位思考一下，自己的做法是否也有过失？

相对来说，婚外恋中最终受伤较深的往往是女性。由于过去男女不公平的原因，中国人的传统观念一般对女性的道德要求要高于男性。因此，一旦出轨的事情发生，男人被原谅的几率要比女人大得多。所以，作为女性不要轻易地涉足婚外恋，不然，受伤的终归还是自己，那种痛有时候难以承受。

"婚姻是私有化的产物"，它并非是人类生活的最佳模式，当然，婚姻是人类发展过程中的必经阶段，但它的目的是保护私人财产，却保护不了个人的爱情。人类社会的发展是一个极其漫长的过程，随着社会的发展，到了物质非常发达之时或人类高度进化之时，婚姻完全有可能就不存在了，此时婚外恋也即告终结。所以，与世间万物的变化发展一样，婚外恋的变是绝对的，不变是相对的。

当今社会上每天都在发生着外遇。不管人们的态度如何，婚外恋从古至今都这样无休止地发生着。那些历史伟人、位高权重者、富豪、事业成功者

乃至立法者，都不能做到与婚外恋绝缘，但人们似乎都能找出充足的理由来解释，原谅甚至歌颂这些人的婚外恋，这种现象值得我们去讨论。

当这些人一边在搞婚外恋，一边道德的旗帜仍在头上高高飘扬，在大众面前依然春风得意时，不知人们会作何感想？

相比于名人，普通人较少受到媒体关注，他们在这个问题上往往都很低调，丝毫不张扬，只是想悄悄地感受一场婚外恋，与心仪的情人在一起，珍惜守候这份感情。因为婚姻不理想，碰到了理想的爱人，找到了情感归宿，那就不妨好好再爱一次。对比那些名人，这样的追求我们能说过分吗？

虽然社会对婚外恋的包容度有一定程度上升，但婚外恋依然受到传统观念和世俗道德标准的责难，即使双方都付出真情，轰轰烈烈的爱上一回，也不被社会接受。或许，婚姻关乎责任，而爱情关乎道德，关乎现实的选择。

中国的婚姻质量

中国的婚姻质量到底怎样，用一个贴切的词语来作比喻，叫做"亚健康"。"亚健康"本是一个医学用语，是指人体的生理和心理状况不佳，它形象地表明了婚姻中缺少了激情，缺少了爱，婚姻已经变得缺乏活力，平淡无味。

率先提出"婚姻亚健康"这一说法的是国内一家机构，它对中国的家庭婚姻状况进行了一项问卷调查，问卷将婚姻状况划分为"健康"、"亚健康"、"死亡"等几类，其中，有60%的被调查者认为自己的婚姻呈现"亚健康"状态。除了爱情，目前太多的因素影响着中国人的婚姻，导致健康的婚姻所占比例越来越少。

中国人的婚姻，已经到了健康不再，需要不断自省和百倍呵护与关爱的地步。我们不禁要问：中国人的婚姻到底怎么了？是什么原因让原本闪亮的爱情在婚姻的巢中慢慢失去光泽？

改革开放以来，随着经济的发展和社会的转型，人们物质生活水平有了极大提高，提高了对婚姻质量的要求，更加重视感情需求的满足，以前在物质贫乏的年代，结婚的目的往往就是一起过日子，只要双方见了面有感觉，觉得差不多就行。现在不同了，社会的发展激发了需求的多元化，加上家庭、价值观、文化背景等方面的差异，夫妻双方总觉得婚姻中缺少点什么，婚姻总是不尽如人意，于是导致离婚率上升。

改革开放之初，中国的离婚率很低，1979年仅为4.7%，之后中国的离婚人数连年攀升，到了2008年，全国以离婚对数与结婚对数之比计算的离婚率已经达到20.7%，仅仅30年，中国离婚率增长了4.4倍！而大中城市的离婚率远高出全国平均水平，几个大城市的离婚率达到30%以上，其中2008年北京市以39%的离婚率排名第一。

专家认为，婚外情、性生活不和谐和异地婚姻是造成离婚的主因，金钱诱惑、人格迷失、浮躁心理都是造成婚外恋或婚姻破裂催化剂。据《南方都市报》报道，在深圳的离婚个案中，婚外情导致离婚占了一半。此外，闲暇时间的增加，社会交往范围的扩大，文化娱乐场所遍布城市的每个角落，这都使得婚外恋的发生变得更加容易。

如果从社会层面来寻求更进一步的原因，中国城镇化的加速，两地分居

别扫他的兴，别迫使他在高尔夫、足球、篮球、汽车、钓鱼和你之间作出选择。

的增加，女性教育程度的提高，离婚手续的简化等，都对原来的婚姻模式构成冲击。加之西方价值观念的影响，中国人对家庭和婚姻的传统观念发生了很大的变化，婚姻关系不再是坚如磐石了。

美国是最讲恋爱自由的国家，也是离婚率最高的国家。西方人一向崇拜东方人的贞操观念和稳定的家庭单位；而改革开放中的一部分中国人却以拆散家庭为代价拣起新欢的原罪意识，其实是不知珍惜固有的宝藏。与高度发达的社会物质文明相适应的婚姻，应该是持久的婚姻，在安静的一隅，平安地度此一生当是人类的共同需要。

我们不禁思考，为什么健康美好的婚姻在现实中如此稀少？怎样才能达到婚姻的健康并保持这种美好呢？

伦理学家宣兆凯说："婚姻地位即个人在婚姻关系中所处的位置，一般而言，每个人在择偶时都希望找到自己倾慕的人，与自己般配即婚姻地位相当的人。夫妻之间只有相互倾慕，婚姻地位相当，才可以有深厚、持久的爱情。一个人若想拥有美满、幸福的婚姻，不但要在择偶时选择婚姻地位相当的伴侣，在婚后还应时时调适婚姻地位状态，使之保持动态的平衡。"

（选自：信巍，中国婚姻质量报告，《北京文学》，2007年第3期）

在这里，对于如何塑造美满婚姻，宣先生用到了"调适"二字。婚姻关系是一种看似简单实则很复杂的社会关系，从关系的缔结到关系的维系，不是一蹴而就的，更不是一劳永逸的，需要夫妻双方共同参与、时时校正、不断调适，以达到夫妻关系的和谐与动态的平衡。调适是保持健康婚姻的有效方法，它可以解决家庭成员的心理失衡，有效改善婚姻质量。

中国的婚姻质量让人堪忧，对于具体如何改善婚姻质量，我们主要从以下两方面分析：第一，婚前要找到适合自己的人；第二，婚后双方要艺术性的相处。

执谁之手？

《新鸳鸯蝴蝶梦》主题曲中唱到"爱情两个字，好辛苦。"这一句道出了爱情的无奈。而冯小刚电影《非诚勿扰2》中香山临终前的一番话更是将婚姻的悲情发挥到了极致："婚姻怎么选都是错的，长久的婚姻，就是将错就

错。"有人说，这是一个华丽而惨淡的爱情时代，华丽是因为我们有足够先进的通信工具、在足够大的范围内去邂逅爱情，享受爱情；惨淡的是爱情变得越来越淡薄，越来越苍白，禁不起任何考验。天下男女熙熙攘攘，却找不到一个能与自己相伴一生的人。于是，我们心中都在忍不住呐喊：执谁之手，与谁偕老？

最近网络中流行的一句话叫做：世界上只有两种可以称之为浪漫的情感，一种叫相濡以沫，另一种叫相忘于江湖。完美的爱情结局就是争取和最爱的人相濡以沫，和次爱的人相忘于江湖。但是，又有人说，现实中这种状态很难实现，往往是"相濡以沫却厌倦到老，相忘于江湖却怀念到哭"。

贾宝玉和林黛玉的爱情曾经感动过一代又一代人，不知赚取了观众多少眼泪。青年男女读《红楼梦》，往往被他们俩之间的爱情故事感动得潜然泪下，有的痴男怨女受其影响，变得为爱痴狂，甚至以身殉情。但伤过痛过感动过之后，有几个人真正去想：我们到底需要什么样的爱人？每个人的心中都会勾勒出一个完美爱人，都会在心中呐喊：亲爱的，你在哪儿？我一定要找到你！但有谁在寻觅中的途中理性地思考过，完美的爱人到底应该是什么样子？

《红楼梦》中，我们都明白最适合贾宝玉的完美爱人不是林黛玉，恰恰就是他的合法妻子薛宝钗。薛宝钗温婉贤惠，聪明过人，慧而不骄，懂得取舍，为人处世方法顺应自然，完全符合现代心理学中对待感情方式的五大要素：不强求，不拒绝，不挽留，不掩饰，任其自然。她将道家的人法地，地法天，天法道，道法自然的精髓发挥的淋漓尽致。上至老太太下至媳妇丫鬟小妾们各个都喜欢她，愿意接近她，与她相处不论男女老少都会觉得如沐春风非常舒服。宝钗如果活在当今世界，那一定是一位德才兼备具有完美人格的女强人，薛宝钗的品质最接近对完美爱人的要求。

而林黛玉的才情卓绝，无人可及，性情纯真，但太执著于"我心"。林黛玉和贾宝玉是同类人，不肯轻易迁就附和他人，只做自己喜欢的事，只和自己喜欢的人交往，永远直视自己内心，不肯在任何压力面前露出半点媚态，饿死都不愿意放下自己神圣的尊严。这样的女子世间难寻，倘若平常男子觅得她做爱人，生活在一起后的滋味，想必那男人除了骄傲之外，满心都是无奈。

因为黛玉至纯至真，她爱的男人也必定要求至真至纯，不食人间烟火，不

媚俗不重权势，忠于"我心"。世上有哪个男人敢说自己能做到？即使宝玉能做到，那这一对必然与世俗格格不入，恰似落入凡间的仙子，最终无法成活。

这样看来，最适合贾宝玉在凡间的完美爱人还是薛宝钗，她不急不躁，用爱来包容，可以弥补宝玉作为凡人的种种不足。可惜人心终归永不满足，男人女人们觉得找个"次爱"做夫妻，虽可举案齐眉，终究意绪难平。既然如此，何不如轰轰烈烈去爱一场？于是，爱情悲剧就这样定格了。

（摘自：大旗网。）

古今中外，为情所累、为情所困之人前赴后继，大致皆因追求完美。人

别让男人左右为难——回家早还是晚？有钱还是没钱？潇洒还是邋遢？勤快还是不勤快？浪漫还是不浪漫？听话还是不听话？需要集中还是民主？给他一个标准的答案。

活一世，草木一秋。如果能遇上一位美丽温柔的，玉树临风的，善解人意的，内涵丰富的，感情专一的，幽默风趣的，人品优秀的，事业有成的……那该多好啊！拥有这样的爱人，我们今生足矣，别无他求。但是，这种完美的爱人何处去寻？

其实，那些真正爱你的人、适合你的人就在你身边，只是你没有发现。他们的内涵深藏其心，他们的温柔只为一个人守候，也许他们不善言辞，没有甜言蜜语，或许他们长相一般，不够吸引异性。但是，你若选择和这样的人生活在一起，你会感觉没有距离感，交流起来平实而又真挚，生活中定会充满柔情蜜意，如沐春风。

再看看那些好高骛远、一心笃定要寻觅真爱的人，他们要的是完美的爱人和完美的爱情，恋爱中两个人都太在意自己和对方，对待缺点容不得半点沙子，他们认为既然爱就要爱到极致，要爱到灵魂的最深处，甚至要在感情上独占对方。但他们不知道，爱情是有保鲜期的，人的审美会疲劳的，当最激情的日子过去之后，生活开始逐渐变得索然寡味，双方开始患得患失，互相埋怨，矛盾重重。其实这也是人的本性使然：得不到的，就是最好的；得到的，往往不懂得珍惜。

这时，他们才明白过来，预期中完美的爱情与婚姻就像天上的星星，遥不可及。两个曾经深爱的人各自认识到原来对方并不是我的真爱，于是，心有不甘的男女们决心继续寻找心中的理想爱情，然而此时木已成舟，作为一种弥补，婚外恋也就由此产生。

印度学者古普塔的一项研究很有趣，他访问了印度西北部城市斋浦尔的50对夫妻，发现由爱情结合的夫妻，婚后5年彼此的感情就不断减少了；与此形成鲜明对比的是，由家庭之命媒妁之言而结合的夫妻，爱情水平不很高，但他们的感情会慢慢加深，5年后，他们的感情远远超过了因爱而结合的夫妻们。

莎士比亚说，"完美的爱情使人意志薄弱，不完美的爱情却伤害人心"，从某种意义上说，完美意义上的爱情是不存在的。社会心理学的研究也证明，再大的激情和浪漫都会随着时间的流逝而逐渐冷却，而共同的理想、共同的兴趣、共同的价值观、宽容待人的品质等因素才是维系我们感情的纽带，这样的爱人才更适合自己。找一个最适合自己而不是超现实的伴侣，执其之手，与其偕老。

围城里的艺术

当进入婚姻的殿堂，情人与夫妻角色的转变是那么突然，两人日复一日地相处，爱情升华为亲情，枯燥代替了浪漫，激情渐渐褪去，一切美好的甜蜜都似乎变成昨夜的旧梦。我们不禁要问，即使是最美丽最浪漫的爱情，是否终究也逃脱不了婚姻这座坟墓？三年之痛，七年之痒，循环往复，难道就是婚姻最后的结局？

婚姻是一个过程而非结果，它如一件尚未完工、需要双方共同塑造的艺术品。经过柴米油盐的煎熬，锅碗瓢盆的碰撞，人情冷暖的历练，朝夕相处的磨合，最后在两人的共同努力下，共同完成了这件杰作，将两个本来布满棱角的石头，雕琢成一件特有的令人赞叹的艺术品。

央视主持人白岩松曾说过这样一段话："人的一生只有5%是精彩的，也只有5%是痛苦的，另有90%是平淡的。人们往往被5%的精彩诱惑，忍受5%

女人可以善良，不可以软弱，但必要的时候可以示弱。

的痛苦，在90%的平淡中度过。"

其实婚姻何尝不是如此？只有5%的时间是处于激情状态，5%会觉得很痛苦，而余下的90%就是平淡了，一般婚姻家庭，基本大致如此。所谓一年新鲜，二年熟悉，三年乏味，当婚姻走过最初的激情岁月，一切都会渐渐归于平淡，如同白开水，淡而无味。

随着时间的流逝，热恋时的激情和浪漫都会慢慢远去，这时若想让爱情这朵花"保鲜"，就必须在日常生活中悉心灌溉，并时时添加营养。婚姻是白开水，可也许正是因为有了这杯爱情生命之水，才能让爱情的浪漫持久地定格，在这杯水的滋养下，爱情之苗成长为一棵茂盛的大树。

一位电影演员在谈及婚姻幸福的秘诀时，说婚后要多看对方的优点，少看对方的缺点，我们认为非常有道理。男女双方婚前要睁大你的眼，放大对方的缺点；婚后闭上眼睛，放大对方的优点。如果婚前看到的都是对方的好处，婚后看到的都是对方的缺点，那么每个婚姻当事人都有被婚姻欺骗的感觉。其实人还是那个人，爱情还是那份爱情，只不过是自己的主观感觉与判断上出现了误差罢了。

一个平淡而不失幸福的婚姻，才是人们真正该追求的。夫妻生活中的一切都变成一种习惯，90%的生活处于平淡期。如果不好好精心经营婚姻，即使最忠诚的人也会感到厌倦。

我们要记得"距离产生美"这一人际关系法则，它同样适用于婚后的夫妻。莎士比亚有句名言："她最满足的时候是她感到最饥饿之时。"无论对方多么了解你，也应保持一定的神秘感。距离产生美，夫妻间适当的距离也是必要的，这样对方会有一种对你充满渴望的感觉。如果你的内心和行为一览无余，再美的东西也会失去吸引力。

要获得生活中的新鲜感，不一定非要换一个对象，我们可多花些心思，在平淡的生活中多搞点创意。给婚姻生活增加新的内容，寻找新的乐趣，使其历久弥新。平凡的生活使每天的行动似乎一成不变，当双方都觉得沉闷，失去浪漫温馨气息时，不妨做出少许改变。在一些特别的日子如配偶的生日、结婚纪念日、情人节等，送一束鲜花或寄上一张能表达心声的精致卡片，会给婚姻生活平添一份浪漫和温馨，让对方产生意外的感动，这既能增进夫妻的感情，又能稳固住婚姻之城。所以，只要我们能用心去做，浪漫无外不在，激情无处不有。

美国的一位心理学家指出，"如果你跟丈夫经常怀念过去的罗曼蒂克时

光，你们也会跟恋爱时一样相处。" 我们不妨经常重温过去的美好时光并付诸行动。一见钟情的相识，过街时的牵手，站台上的拥抱，月光下的甜蜜，那份心跳，那份感动，回首起来怎会没有莫名的感触？

有些人掌握了自己婚姻生活的技巧，可以以一种轻松的心态来经营自己的婚姻，但这也不是一劳永逸的，因为人和环境的变化无处不在。这种变化会影响到人的价值观念、人生态度以及与人相处的方式。所以，婚姻中的人们要不断的学习，要居安思危，未雨绸缪，以适应以后环境的变化。

一般而言，夫妻双方中妻子会更注重婚姻艺术的学习，也更善于感觉和发现夫妻双方关系的细微变化，从而也就能更好的协调有关婚姻中情感方面出现的问题。而丈夫或忙于事业，或感情不够细腻，情感能力要弱一些。所以，婚姻艺术的学习，对于男性来讲应该更为迫切。夫妻双方要多交流，一起精心经营，用心呵护，这样爱情就不会随着岁月的流逝而衰老。

其实生活中的一切本来就很简单，简单的有些平淡。没有永远的浪漫，没有永远的激情，激情过后的平和才是心灵的归属。夜夜缠绵的细语，相濡以沫的经历，不能时过境迁全都抛至脑后。在面对婚姻危机时，我们希望夫妻双方内心深处埋藏的感情，能唤醒沉睡的记忆，重新挽回濒临破碎的婚姻。须知，一段感情来之不易，历经风雨才能修得正果。

生活是一门艺术，婚姻也是一门艺术，健康的婚姻需要艺术地经营。多一份理性，多一点责任，多一份关爱，多一份理解，艺术化的雕琢婚姻生活，巧妙化解婚姻中的问题，这样，婚姻就能变的甜蜜和谐，永葆清新。

健康的婚外恋是良好补充

如果婚姻未能得到最完美的经营，婚外恋不期而至，那我们也不要恐慌。从一而终的婚姻是理想的，但婚外恋也不全是洪水猛兽，健康的婚外恋是婚姻的良好补充。

从历史发展来看，婚姻关系的范围呈逐渐缩小趋势，一夫一妻制下的婚姻规定与人类的自然情欲不是相适应的。这是婚外恋存在的不可避免性，或者说是婚姻的一种补充形式。

其实，情欲是人的自然天性，从某种意义上说，婚姻是特定双方相互满足情欲的约定——结婚即是对此约定进行公证，家庭则是婚姻关系的衍生物。家庭是生活资料私有化的产物，当财产在家庭成员间分割得极为明晰时，家

庭与婚姻的关系便大大弱化了，婚姻与情欲甚至渐渐失去关联。于是，婚外恋成了释放情欲的手段；毕竟，"海枯石烂"的婚姻约定，难以真正持续到生命结束的那一天。

婚外恋的产生，还源于婚姻的时空悖论：当我们有权选择伴侣的时候，却不知道自己真正需要的是什么；当我们懂得自己需要的时候，却已经失去了选择的权利。或者，当我们想找个人结婚的时候，理想中的伴侣没在我们生命里出现；当他（她）在我们生命中出现的时候，我们已经身为人妻或人夫。这种阴差阳错也是一种爱情和婚姻的悲剧。

但人未满足的需求是不是轻易消失的，这种需求时刻潜伏着，只是受制于传统道德和社会舆论不想被人发现。毕竟在现代的道德观中，婚姻不是轻易可动摇的，围城中的男女，如果不甘于寂寞，但又无法冲破婚姻的围墙，就只好借助婚外恋，寻找情感和心灵上的慰藉了。毕竟，瓦解一个家庭的创伤与危害太大，婚外恋能让这种破坏力降为最低。如果说，夫妻是生活的伴侣，那么，健康的情人则是心灵的伴侣。倘若处理好了，便不失为一种有益的补充。

6

婚外恋中的情爱与性爱

婚外恋是不同于友情、亲情的一种感情形式，很多人把它归到爱情这一范畴。不管是真爱情，还是假爱情，既然是爱情，那么不可避免存在情爱与性爱，这两者在婚外恋中分别扮演了什么角色呢？本章我们就对爱情中的情爱与性爱进行讨论。

肉体与灵魂间的穿梭

肉体与灵魂，即性与情，是男女关系涉及的两大领域。这个世界，处处充满了暧昧，情和性似乎成了主角，而女人和男人都成了道具。

情，简单说就是人的思想感情。中国自古以来对待"情"都是一种含蓄内敛的态度，"发乎情，止乎礼"是古代乃至今日人们必须遵守的道德标准。在这个物欲横流的年代，情，尤其是真挚长久的情，变的越来越淡薄，也变得越来越珍贵。

性，是人作为动物的一种最原始的欲望，现代性医学认为性有三种功能：快乐的功能，健康的功能，生育的功能。健康的性行为能够给男女双方带来愉悦、快乐和幸福，能让彼此的关系变得更加亲密和谐。受中国传统文化影响，人们大多不愿谈性，性在中国是只能做不能说的事。

情与性，是相辅相成的，但并非不可分割。一般来说，有情很自然可以上升到性，但有性未必有情，有时性仅仅只是人体生理需要。相比较而言，男人和女人的侧重点不一样，男人往往更注重性，而女人喜欢将性与情紧密的结合。

情与性的关系是如此复杂，于是人们试图在性与情之间找寻平衡，反复权衡、反复比较，但结果往往是愈比较就愈加茫然。

情爱与性爱，本来是情侣双方一种美妙的体验，但在婚外恋中却变成了一种纠结。不管是为情出轨，还是为性出轨，都难登大雅之堂。为性出轨是社会大众最不能接受的，但即使仅仅是感情出轨，也没有人为其贴上一个纯洁的标签。毕竟现实中不少为情的出轨最终都发展成性出轨。婚外恋中的性与情，甚至可以根据双方的需求而随意转换。基于此，我们一直在思考：

婚外恋中是先有性还是先有情？

情爱和性爱是不是可以分割？

柏拉图式的婚外恋

什么是柏拉图式的爱情呢？在电视剧《金婚》中有这样两句台词：（男）"我连她的手都没碰。"（女）"那你碰她的心了吗？"这两句台词，形象的表现出了当代人对柏拉图式婚外爱情的看法：男女双方都有各自的家庭，两人经常在一起，偶尔会有亲密瞬间，彼此间存在心理依赖，但始终没有发生性关系。大体上看，这是一种双方愿意长期维持的有节制的暧昧关系。

柏拉图式爱情，是一种精神恋爱，是一种追求心灵沟通、排斥肉欲、理性的精神上的纯洁恋爱。同样，柏拉图式的婚外恋，是一种只谈精神不谈肉欲的婚外恋。这种状态关乎情感，却无关乎性，也被称为"无性外遇"。这是一种"发乎情，止乎性，外乎婚"的情感状态。

这种状态在外人看来，扰乱了男女彼此的情感世界。不过在人的内心荒漠化的时候，其又像一缕春风吹进了人们心中，暖暖地让人心醉，于是渴求柏拉图式的精神恋爱成了不少男女的愿望。特别今天手机网络等各种便捷通讯工具的出现，更是方便了这种"无性外遇"的传播和普及。这种情虽不像肉体之欢那样来的刺激和直接，但也给双方带来了很好的"提神"效果。虽说最后的防线未曾逾越，但精神上已经与别人紧密拥抱了。为了掩盖内心的真实世界，他们往往愿意称对方为"红颜知己"或"蓝颜知己"。

为什么会出现这种婚外恋呢？人都有一种求新的心理，一种生活状态若长期不变，渐渐地由习惯转为乏味，甚至觉得反感，这如同天天吃山珍海味也会腻一样。婚后几年夫妻间原本的神秘感一览无余，优缺点都充分展示，夫妻俩朝夕相处，也就很难有新奇的美妙之感了。因此，除少数夫妻之外，大多数夫妻之间那种原本怦然心动感觉已经丧失殆尽。于是他们把目光投向了家庭之外，以排遣孤独感，寻求情感上的寄托。

柏拉图式的婚外恋多发生在知识阶层，出于脸面、名誉、地位及已有的家庭稳定等方面的考虑，加之道德的自我约束，这部分人往往把外遇要求仅仅限制在是感情的体验方面。虽然这种婚外恋不像发生性关系的婚外恋对家庭的威胁那么大，但是也会给夫妻感情带来一定的负面影响，何况，这种恋爱与发生性关系之间只是一步之遥。

在肉体与灵魂的穿梭中，我们认为灵魂的背叛是更让人无法忍受的。感情是婚姻的基础和灵魂，是爱的第一要素。如果连感情都给了别人，那么这段婚姻也就如行尸走肉了。当然，在这里我们并不是说肉体出轨可以接受，而是强调灵魂的背离更加难以挽回。毕竟，性可以分享，但爱是不能分享的。很多肉体的出轨也仅仅限于性交，这种性交都是一时的欲望驱使，目的是获得生理上的快感。然而，一旦性交发展为感情上的依恋时，灵魂背叛就形成了，这是一种最为严重的出轨。

从古至今，人们对为性的婚外恋不停地批判，但对为情出轨却有许多的同情，对柏拉图式的情感报以赞美。

甄洛原本是袁绍的儿媳，后来邺城一战中被曹丕抢了去。得到美人的人无奈却难获美人的心。曹丕为了立嗣之事性情狂躁，使曹丕与甄洛关系不妙，再加上甄洛对曹植的文采赞赏有嘉而属意曹植，这令曹丕更加愤恨。曹丕对甄妃的冷淡使得甄妃对曹植的爱更加神往。曹植比甄洛小10岁，但两人的感情却没有因此而受阻。然而，这段姐弟恋注定不能终成眷属，他们是叔嫂，而且中间还隔着一个王位。除了远远地观望彼此，还能做什么？后来曹植几经迫害，整日以酒相伴。甄洛本可以母仪天下，却几次拒绝曹丕立后之意，不久也溘然长逝。曹植思念之下写就的那首《洛神赋》却成了精神出轨的经典记录，传唱千古。精神出轨在曹植和甄洛的演绎下变成一段可歌可泣的爱情故事，两人从未做过逾矩之事，不过是在心里挂念对方。相比现代的精神出轨，倒是多了几分悲情。

（选自：吴晓赟，《亚偷情：危险的男女关系》，凤凰出版社，2009年4月）

鲁迅说："柏拉图的恋爱论我是能看、能言，却不能行。"很多人认为，柏拉图式爱情在今天是不切实际的，这种纯精神恋爱，在现代这个物欲横流的社会背景下显得势单力薄。的确，在性解放、一夜情、偷情、试婚等事物

充斥在我们周围的时候，在男女性行为变得越来越放纵的时候，很多人都渴望能拥有一场不掺杂任何肉欲和物质的纯粹意义上的爱情，渴望感受一种"山无棱、天地合"式的刻骨铭心的真爱，以回归爱的本源。可如今，浮躁的气息充斥社会各个角落，对爱的这种追求不过是一种崇高的理想，实现起来太难。

柏拉图式的爱情或许注定是一个梦幻的泡沫，永远无法存在于现实中。在现代社会中，很多人口口声声标榜自己在精神上是多么纯洁，但一旦遇到心中的白马王子或白雪公主就恨不得赶紧把身体奉献出去。真正做到有定力，为爱守候，不越雷池半步的又有多少？

其实我们现在广泛理解的柏拉图式的爱情，与原本的含义是有出入的。柏拉图是一位古希腊哲学家和思想家，而非爱情专家或婚恋专家，而且终生未婚，他的哲学思想涉及领域极其宽泛，天文、数学、教育、政治、经济无所不包，但由于深奥难懂，所以大众并不关注，而作为哲学家，他鲜有地在其思想中提到的爱情，于是被后人便奉其为爱情宝典，在爱情和婚姻中滥用。柏拉图对爱情的阐述很模糊，后人对此一知半解，片面地得出了一个结论：男人和女人可以在灵魂里面谈恋爱。于是，柏拉图式爱情便流传开来。

柏拉图的主要哲学思想都是通过对话的形式记载下来的，在对话录中，柏拉图压根没提到女性，他笔下的爱情和性爱全是男性间的。美国东西部社会学会主席、《美国家庭体制》一书的作者伊拉·瑞斯认为，柏拉图推崇的精神恋爱，实际上指的是同性之间的一种爱，也就是"同性恋"。柏拉图是公开的同性恋，一生未婚，没有后代。

另有人认为，柏拉图关于爱情的解释，目的是为了突出一个哲学概念，它的真正含义是哲学中的"节制"。"节制"二字才是柏拉图真正想要表达的思想，才是柏拉图最推崇的东西。在柏拉图看来，有节制地释放自己的欲望，才能获得爱情，获得生活中的一切。

还有一种说法，认为柏拉图谈爱情主要是用来隐喻对真理的追求的。柏拉图认为："当心灵摒绝肉体而向往着真理的时候，这时的思想才是最好的。而当灵魂被肉体的罪恶所感染时，人们追求真理的愿望就不会得到满足。"这句话与他推崇的精神恋爱的爱情观含义非常一致。

虽然对柏拉图爱情观的考证有很多，自古以来对柏拉图的学说也是争论不断，但有一点不容置疑：柏拉图确实为人类构筑了一个如梦似幻、带有浓烈理想主义色彩的爱情殿堂。在他的眼中，爱是走向至善形式的灵魂冲动，崇尚爱情的人应该像教徒一样虔诚。而且爱应该在节制之下进行，只有节制的爱情才能给人带来愉悦。

如果这种"节制"的爱情在现实中真的能够存在，那也算是一种唯美的精神恋爱了，但这点能做到吗？现代生理学告诉我们，处于热恋中的男女，大脑会分泌出大量的多巴胺和内啡肽。这些化学物质作用于大脑，会令人疯狂并产生幻想，让爱情失去理智。当男女进一步渴望对方的时候，大脑就会分泌出催产素，让热恋中的男女产生强烈的性冲动，进而发展成为性爱关系。这样一来，性爱变得一触即发，不可避免。

弗洛伊德性本能论下的婚外恋

柏拉图曾经一度让精神之爱有了一方天下，但逐渐在西方性解放的浪潮中败下阵来，在弗洛伊德"一切皆性"的性本能论的冲击下，情变得飘摇不定，甚至很多沦为男女之爱的附庸。

曾在中国风靡一时文学影视作品，如琼瑶言情小说、韩国爱情剧，令少男少女为之痴狂，情在他们眼中是那么浪漫，那么唯美。然而，当性话题慢慢被解禁的时候，文学影视作品便突然换了另一副模样，小说中夹杂着令人心跳的性爱情节，影视中出现了很多裸露镜头。虽然很多人对此持抨击态度，但不得不承认，弗洛伊德的性本能论反映了人的一种真实欲望，性欲作为人的一个本能诉求，不应该加以压制。

但此时矛盾出现了，情本应该是性的基础，却反被抛弃，性倒成了第一位了。之前人们都认为性应很好地加以控制，用道德观来约束，当两人感情成熟的时候再去迎接性爱的到来，这样的性才是健康的。曾几何时，年轻男女羞报含蓄地互诉衷肠，看着韩国爱情肥皂剧痛哭不已。而现在，这些纯情似乎已销声匿迹，年轻男女见了面直接上床者不在少数。

世界上没有情的性到处都是，很多时候人们只是贪图一时的肉体快乐，但这些肉体之乐稍纵即逝，没有性的情等于没有血液的躯体，没有美感也没有深意。

为性产生的婚外恋，大致有四种，第一是包"二奶"或包"二爷"，依靠自身良好的外貌体型或较高的学历素养，寻求有钱人，过着舒适安逸、纸醉金迷的日子；第二是消遣，夫妻生活平淡如水，找不到往日激情，于是与外面的异性相互勾搭，以消除生活中的空虚与无聊，一夜性或多夜性多属此类；

第三是本能需要：丈夫无能或妻子冷淡，婚姻中得不到性满足，为了解决欲望只好出轨；第四是欲望过旺，性爱上瘾，想尝试不同的人发生性关系，一些性扭曲或性变态者多属于此类。

《白蛇传》主题曲"渡情"中唱到："十年修的同船渡，百年修的共枕眠，若是千年有造化，白首同心在眼前。"而今日，成年男女经过一次或几次网聊，初次相见感觉投机，彼此一拍即合随即脱衣上床。更多情况下，性本能支配着当今男女交往，双方没有对真情的思考，只有对快感的向往。

木子美，女，25岁，广东人，毕业于广州某大学，因性体验写作《遗情书》一夜成名。"身体写作"女写手网上走红，木子美性爱日记访问量激增。演成"木子美现象"，木子美被称为广东第一个"用身体写作"的女人，有人将她与女作家卫慧和棉棉相比，认为"她的写实作风显得更为大胆"。有网民将其走红概括为"木子美现象"。

据《遗情书》记载，木子美性放纵的方式多样：不仅频频更换性伴侣，还曾经当着朋友的面与朋友的朋友性交。此外，日记内容显示，木子美并不拒绝参加多男多女集体性派对。木子美是这样描述自己的生活的："不需要工作时，会看看碟，上上网，或者去一些酒吧，碰到心仪的男人，可能会跟他聊聊天，喝喝酒，然后一夜情……因为不害怕，我轻易就能爱上一个男人，轻易就能跟他上床，轻易就能从他身边离开。"

关于为何频频更换性伴侣，木子美说："快乐呀，当然还可以研究男人，每个男人都有不同的内容。"

关于爱情，"爱是做出来的，忽然觉得。如果在性交时无比相爱，算不算也是种爱情？比之虚无缥缈，它看得见、摸得着，享受得到……我很陶醉过程中的一切，落下的窗帘和窗外的景色虽然都很平庸，但我却能联想到《情人》那部电影，梁家辉和'小杜拉斯'也是在下午。我们，真的想做完美的爱，虽然，实质是性交而已，但正因为还没有真正的感情纠葛，使得性交更具纯粹魅力。"

当然，性爱也要两方面看，我们并不是一概批判。我们鄙视的是，把性当作一种交易，为了达到某种目的，比如为了金钱、权力、工作等。如果那样，就完全失去了性爱中美好美妙的一面。对于那些没有任何杂念，全身心地投入性爱感受完美性爱带来愉悦的男女，我们不应该一味加以批判。这是

一种本能的释放，在不得已的情况下，只要不伤害到家庭，对家庭有责任感，把婚外性当作一种美好生活的补充，也是可以理解的。

情与性是统一的

情和性对于婚姻的界限如何，有太多的解释和态度。为何要偷呢？一是缺情，二是少性。缺了情就想补，内补不成就外求。那些刻骨铭心的爱情，估计没几个人有耐心去读，但是涉及那些刻骨铭心的性往事，一定会吸引很多男女的眼球。

孔子在《礼记》里讲"饮食男女，人之大欲存焉"。我们的生命中离不开两件大事：饮食、男女。一个是生活的问题，一个是性的问题，两者缺一不可。性与情的关系也是如此，他们应该是和谐统一的。一方面，性是建立在爱的基础上的，另一方面，性可以让爱更和谐，只有性和爱融为一体才能达到爱的最高境界。

尽管理想爱情中性和情是不能分离的，但还不乏很多人尝试无情之性，这也表现在不少文学作品能上。除了木子美这样毫无顾忌赤裸裸地描写性爱的人之外，很多文学大家似乎也对性爱分离的描述有着某种特别的偏爱。

在鲁迅的《阿Q正传》中，阿Q对吴妈产生的性幻想就脱离了爱情。阿Q这个人物所有的性欲望，都是为了突出这个人物的悲剧色彩。他想跟吴妈睡也好，去摸小尼姑的脸也罢，这都是一种无爱的性冲动。阿Q在性饥渴的时候，除了忍不住对吴妈赤裸裸表示希望性交之外，还有无数美好的性幻想，邹七嫂、赵司晨的妹子等等，都是他性幻想的对象。除了阿Q，在鲁迅的笔下还有不少与爱分离的隐性性描写，像《高老夫子》中为了看看女学生才去上课的高老夫子。这样的人物比比皆是，在他们的性欲望上没有任何情感寄托。

张爱玲总是用看似"无情"的手法去描写性爱场面，不管是《色戒》还是《红玫瑰，白玫瑰》，都是以一个冷静甚至残酷的角度去诠释性爱。但是却不难发现，张爱玲本身对于爱情天长地久的向往，用性爱分离的描写去突出爱情本身的珍贵，这也是从反面表达了对人类情感的需求。不管是无性之爱，还是无爱之性，是精神出轨也好，肉体出轨也罢，都不过是人类对于情感需求的一种表达。

（选自：吴晓赟，《亚偷情：危险的男女关系》，凤凰出版社，2009年4月）

只有情爱的婚外恋是精神式的，只有性爱的婚外恋是遭人唾弃的，现实中往往是二者都有。大多数人不是翩翩君子，没有君子只重情的耐力；大多数人也不是嫖客，只在乎那肉体的碰撞。不管社会对婚外恋的评价如何，婚外恋中的情爱与性爱往往是统一的。

人人都会有欲望，就连佛家也并不是让人真的断绝一切欲望。心灵大师宗萨钦哲仁波切说过，佛家并不是让你成为孤零零的一个人，你可以大口吃肉大碗喝酒，甚至可以娶妻生子，只要你相信，诸行无偿、诸漏皆苦、诸法无我、涅槃寂静就可以了。

显然，佛家承认而且尊重了人的原始欲望。因此对于凡夫俗子来说，肉体上的欲望是正常的，肉体上的出轨是人性使然，情爱与性爱的天平也不可能始终保持平衡。但问题是，这种不平衡或背离很容易被放大，很多的情况是重心走向肉体，而感情沦为工具或附庸。

现在，精神出轨的话题热度已经渐渐超过了肉体出轨，相比肉体出轨而言，精神出轨更容易做到保密，更加令人难以捉摸。有的人对精神出轨不屑一顾，认为精神与肉体相差十万八千里，但是他们不明白，把精神和肉体强行分开并不容易。精神都出轨了，一旦有了机会，肉体出轨还远吗？

同样，肉体出轨了也会不可避免的导致精神出轨。男女爱到深处，便会有灵肉合一的冲动，这是人的动物属性，一个人和性伴侣之间会日久生情。尤其是女人，一旦与异性发生关系之后，无论在生理上还是心理上都会自然而然的产生一种依恋，即使当初并不爱对方，只是为了性而交往，但只要不断和对方有性关系，这种情愫就不可避免地增长。

情是性的基础，性是爱的升华。没有情爱的性欲发泄是没有人性的，没有性的情爱交流也是虚无缥缈的，情与性的完美结合才是爱情的最高境界。人们常常将"那妇人枕边风月，比娼妓尤甚"视为潘金莲在床上淫荡的表现，但若换一个角度看，既然潘金莲爱着西门庆，面对心爱的男人，毫无保留又有什么不对呢？潘金莲不同于娼妓，娼妓投入的仅仅是肉体，而她与西门庆是灵与肉全方位地投入，自然会"比娼妓尤甚"。毕竟，心身都得到快感，那才是真正的愉悦。

男重性，女重情？

一直以来，社会对男女出轨持有不同认识，其中比较盛行的一种论调就是"男人重性，女人重情"。一般来说，女性发生婚外恋是为了感情上的新鲜，而男性则主要是为了性。这到底正不正确呢？

我们认为，无论男女，对多元感情的渴望都是一样的，都希望能涉猎到更多的异性伴侣，得到心理上的安慰和放松，并希望通过与其他异性发生性行为而得到额外的刺激和满足。从这个角度上看男女都是一样的，区别主要表现在思想上、程度上略有不同。

美国的心理学家曾经做过一次有趣的实验。他们让一位漂亮性感的女子在大学校园里向男人们发出诱人的邀请："你愿意今晚去我那里同我做爱吗？"75%的男性当即表示愿意；另外25%的人虽然有些犹豫，但却希望能换个合适的时间再聚。

同样的实验换到女性身上，结果就大大不同。只有6%的女性愿意跟随酷男去他的住处，但对于做爱，她们没有给出明确的答复。实验揭示出男女在繁殖后代问题上的分歧：男性追求数量，而女性讲求质量。

（赵翀，"性的不纯洁 —— 一夫一妻并非人类本能"，《世界博览》）

男人与女人的内心世界和生理反应是有很大差异的。男人喜欢用下半身来说话，因为男人的生理反应异常迅速，情欲一触即发：一幅裸露的图片，一段成人笑话，甚至看到大街上行走的美女，都会在意念之中联想到性交。在婚外恋中，男人往往将关注点集中在女性身体上，时机成熟后速战速决，情欲得以宣泄后扬长而去，不需要什么浪漫。当然也有少数男人需要营造一个浪漫的环境和气氛，需要双方情感投入才会产生情爱与性爱。

而大多数女人需要的是建立在感情基础上的爱情，需要男人的真情，需要男人不断在耳边轻柔地重复着那句"我爱你"，这样女人心里才能有种滋润的感觉，才会产生爱恋，才会向对方敞开心扉。几乎没有一个良家而有理性的女人，会跟一个男人无缘无故的去风流。当然婚外恋中也有一些女人，她们很会享受性爱，非常希望得到肉体上的满足，她们对性的欲望甚至高于对情感的需求，虽然传统观念认为这种女人欲望太强并常常给予不好的评价，

但若不与男性滥交，还是属于正常的，每个人都有七情六欲，只是她们表现的明显些罢了。此外有些女人不顾应有的矜持，甚至不顾廉耻，随意与身边的男人勾搭，但生活中这类女人毕竟是少数。

男人可以很容易地把爱和性分离开，对他们来说，没有爱的性不但可以接受，还可以沉浸在其中尽情享受，与之发生性关系的不一定是自己心爱的人。男人和女人上床，他们往往很少注重对方的情感，只想满足自己的征服欲望，并借此证明自己雄性十足。男人做爱，大多认为这是为自己服务，当看见一个又一个女人被征服时，男人便会陶醉其中。

当一个男人爱上一个女人的时候，他的爱中往往包含着强烈的性欲索求，虽然不直接提出，但这团火焰已悄悄燃起，他可以慢慢预热，可以耐心地等对方一段时间，但倘若他发现永远得不到性爱的回馈时便会渐渐降低热情，或者转而亲近其他女性。所以有时候，聪明的女人鉴别真爱的方法很简单，就是不给对方"性爱时间表"，看这男的能否还能喜欢自己，倘若对方能够持久地守候，至少可以证明他爱的不仅仅是自己的身体。

追求美色是男人的一大乐趣，很多男人把占有尽可能多的女人作为炫耀的资本。男人好色似乎是出自天性，他们既要"家里红旗不倒"，又要"外面彩旗飘飘"。如果男人多年来面对的是同一个女人，很自然地会产生视觉和触觉上的疲劳，无论她有多么的美貌，也无论有多么爱她。婚姻中的性事对于男人已经司空见惯，触手可及，不免产生淡然处之或者无暇顾及的态度。而花花世界，美女如云，男人自然会幻想着和别的女人一夜风流，如果时机成熟，就会付之行动，由性心理、性幻想发展为实际的性行动。

在他们眼里，女人不过是道饭菜，吃腻了就换口味，而风情独钟的女人就像一道美餐，让男人垂涎三尺。男人有两大野心，一是征服世界，二是征服女人，男人一旦在社会中取得了足够的地位和金钱，重心就开始放在如何拥有更多女人上面了。所以，在婚外恋中男人或许也会动情，但那种情是短暂的，是不浓烈的，他们更喜欢用下面来说话。

而女人大多视爱情为人生的归宿，她们很难把性和情相分离，只有在对情人动心的前提下才会尝试婚外恋。女人不像男人那样没有情也可轻松地获得性满足，她们只有在自己的情感需求获得满足时才会付出性，她们追求的是灵肉合一。一旦与男人没有感情，那性爱就是苍白的，快乐也无从谈起。

女人是因爱生性，她可以享受无性的爱，但很少能接受无爱的性。所以家庭中夫妻之间如果出现了矛盾或情感上不和谐，妻子往往会与丈夫分床睡

觉，以肉体的隔离来抗议对方。如果是短期的可以，但是长期下去女人的内心会变得更加孤寂。尤其是面临生活工作中许多压力的时候，如果和丈夫不能沟通，就会变得心灰意懒。女人是需要用情来滋润的，她不能忍受没有感情的生活，而家庭中找不到这种被爱的感觉，于是就会选择婚外恋。她需要找个人来听她静静的述说心中的烦恼，在情感上找到寄托。所以，多数情况下，女人在婚外恋中追求的是一种情。

女人婚外恋往往是"厌旧喜新"、"弃旧图新"，而很少像男人那样"喜新不厌旧"，所以她们在追求婚外幸福时比男子更勇敢、更执著，这也导致了婚外恋受伤的总是女人。女人一旦走进了婚外恋，就如同走进了死胡同，会为了这份情去倾注自己的所有，为了心中的情人，她可以背弃家庭，忍受亲人和朋友的非议，必要时可以付出一切，甚至自己的生命。

得到男人之后，女人会视为战争的胜利，会千方百计地去独占这个男人，希望这份来之不易的爱能够永恒。而男人面对一个女人时总会疲惫，女人的独占心理此时变成了一种束缚，于是男人选择逃避，以种种借口避免见面，拒绝女人的纠缠。可怜的女人此时只能放下尊严去苦苦哀求男人，甚至不惜以死来表明自己对爱情的忠贞。

"男人重性，女人重情"，这虽不是出轨的定律，但固然有一定道理。从某种意义上讲，"婚外恋"其实就是男人偷性，女人偷情的简单代名词。当我们知道男人的无情和女人的多情的时候，是否还要去尝试婚外恋呢？

女人出轨不要以情为借口

原来提起"出轨"二字，大多是男人的专利，近年来，随着思想的解放和网络的普及，女人出轨有增加的趋势。在现实和网络中都可以发现，有多少怨妇痴女正走在或正准备走向出轨的道路上。向来的论调是女人出轨多重情，似乎女人真的不食人间烟火，光有七情，没有六欲，可事实上真是如此么？

此论调说起来振振有词，但也存有明显的缺陷，它脱离了异性相吸的本质。男女出轨尽管有一定的差异，比如侧重点和表现形式不一样，但本质上来说，依然存在着某种一致性。

婚姻中的女人要忙于家务和工作，有生活中的各种摩擦或争吵，和男人一样，同样有着来自家庭内外各方面的压力。这常常使女人在丈夫眼中变得

不解风情，不懂情趣，加上一成不变毫无新鲜感的身体接触，于是婚姻中的性生活渐渐地失去了往日的激情，其实跟男人一样，每个女人都渴望得到性的满足，都想体验那种欲仙欲死的感觉，那种冲动和刺激是那个长期在一起生活的男人所给予不了的。正是这种美好的性爱给女人带来了很大的吸引力，所以一旦时机成熟，女人便会付诸行动，当然，对大多数女性来说，这种意识是潜在的，因为有道德和社会观念的束缚，大多不表现出来。

与男人默认的性出轨不同，女人出轨往往有更多的理由或借口，以避免被人说成是荡妇。其实很多已婚女人出轨就是为了性，但说出来名声不好，于是有些女人开始以情来掩饰，否定自己的性或其他的需要。简单点说，女人都想把出轨的原因归结为"心灵需要大于身体需要"，因为如果是身体的需要，女人不但没有颜面面对社会，甚至不用别人评价，自己都会觉得自己很淫荡。

因此，女人绝不对外谈论或公开自己出轨是为了性，这是维护自身尊严的需要，让别人知道自己为性出轨等于贬低自己，不仅会让男人不屑，也会遭到同性的鄙视。

女人出轨的理由确有许多，我们在此暂且不论女人因为何种原因出轨。但不管是何种理由，最终的结果就是追求了性器官的满足，也就是追求了动物本能的需求。出轨的女人都喜欢以情来说事，抨击着自己男人的不足，但又在守护着这个家庭，理由是为了孩子。可是，若真是为了孩子，将来敢让孩子知道他的母亲曾经和别的男人发生性关系吗？

女人跟男人一样，有时候很贪心。既希望维持自己的家庭，又希望在身边找一个能给自己精神满足和愉悦的男人。一方面，跟一个自己不如意的男人在一起维持着一个完整的家，另一方面，与一个自己如意的男人暗中搞婚外恋获得心灵和肉体上的满足。很多女人也知道，男人的话不可信，男人除了能给予不切实际的甜言蜜语和身体上的满足之外，其他任何东西都给不了，而且还有很大的风险，但一些女人还是这么乐此不疲地去做，这能仅仅是为了情吗？

女人是感性动物，如果在家庭中得不到应有的爱，得不到该有的性，首先会发生情感上的出轨，然后进一步发展为性的出轨。很多情况下女人对性是欲拒还迎的，没有性的爱恋让女人感到圣洁，而有性的浪漫才能让女人刻骨铭心。因此，女人为情出轨，这种说法也不全对，女人和男人一样，同样有自己的生理需要，甚至有的时期比男人的还要强烈，如果这种需求长期得

不到满足的话，为性出轨便就成为一种很大的可能了。

结语

性爱和情爱，属于两个不同的领域，不能一味地用"物质决定意识"来解释，这里面有许多神秘之处，很难用语言来表述。在现实生活中，男人对性爱要求比较高，而女人对情爱的要求比较高，心心感应的精神和灵魂上的深度沟通，再配以亲密的肉体结合，这是只有人类才具有的理想的两性关系。可惜的是，在复杂的现实社会和生活中并不是每一对情侣都能达到这种目标，于是便想借助婚外恋来进行弥补和实现。

说到底，中国也好，西方也罢，都是希望将性控制在婚姻范围内，这就是所谓的性道德。但是直到现在，仍有不少人羡慕古希腊人，他们头脑中没有对性的条条框框，性完全出于生理需求。不过需要指出的是，虽然古希腊人享受性带来的快感，而且不受限制，但他们却有着很强的自我控制力。当某种事物高度发展的时候，也就不会形成社会问题，就像古希腊的性完全不受节制，那反而提高了人们的自我控制。

婚外恋中的偷情与偷性没有优劣之分，二者虽有分割，然而现实中往往是统一的，只是由于这样或那样的原因没有机会更深一步发展，倘若机会成熟，既会情久生性，亦可能由性生情。人的肉体与精神是密不可分的，性成熟的男女，只要彼此之间感兴趣，无论是谁都希望能够与对方做进一步的交流，包括肉体方面的进一步接触。情爱的上升会引导性爱的来临，反过来，性爱的和谐也会促使情爱的升华。

7

一夫一妻制的历史沿革

一夫一妻制亦称"单偶婚"、"个体婚"，是一男一女结为夫妻的婚姻形式，与之相对是一夫多妻或一妻多夫。它是由对偶婚发展而来，产生于原始社会末期的父系氏族社会，建立这种婚姻的目的在于确保所生的子女出自一个父亲，以继承家庭的财产。

确立一夫一妻制这种婚姻形式，是人类社会私有制的发展的结果。在生产资料私有制社会里，经济大权掌握在男人手中，父亲的财产只能由出自父亲血脉的子女继承，而杂交下子女的父亲很难准确鉴别，而一夫一妻制解决了这一问题，在这一制度下，妻子对丈夫必须保持绝对的贞操。

一夫一妻制产生后，就形成了较为固定的婚姻形式，不过丈夫可以解除婚姻关系，而妻子没有这种权利。到了后来，随着封建礼制的完善，一夫一妻制写进了律法。《唐律疏议·户婚》明确记载："一夫一妇，不刊之制。"而我们一直认为我国封建社会的婚姻形式是一夫多妻制，其实是不恰当的，在封建社会中，男人可以有妻有妾，单妻与妾的家庭地位和权力是不同的。"妻者，齐也，秦晋为匹。妾通买卖，等数相悬。"所以，我国自父系社会以来，实行的就是一夫一妻制，或者是一夫一妻多妾制。

一夫一妻制之前的家庭观

我国著名性问题专家刘达临教授在《世界古代性文化》一书里论述了人类原始初民的三种家庭形式：血缘家庭、普那路亚家庭和对偶家庭。

一、血缘家庭

在历史上，最古老的人类过的是群居的生活，群团内部实行不分长幼、

不分辈分的杂乱的性关系，即所谓的"血亲杂交"。社会对两性关系没有任何限制，道德和习俗对它也没有任何规定，血亲杂交不是一种婚姻形式，马克思把血亲杂交称为无婚姻可言的原始蒙昧人。

血缘家庭和血亲杂交相比，是一个很大的进步，因为血缘家庭里，父母辈和子女辈不得发生性交关系了。在血缘家庭里，性交关系的范围是按照辈分来划分的。各辈男女都互为夫妻，实行群婚杂交。

在原始群阶段，原始群的性关系是杂乱的、没有任何社会约束。也许是由于自然选择法则或者是各种因素的结果，使得一个群体内按不同辈分形成数个经常发生性关系的集团。这种性关系逐渐被规范化，从而使杂乱的性关系发展成为排除不同辈分间性关系的血缘群婚。

血缘家族的产生，是原始群在物种的繁衍过程中，一方面是性关系选择范围的狭小，难以排除血亲之间的性关系；另一方面是自然选择法则的要求，必须排除血亲之间的性关系。自然选择法则在人类的进化中最终起了关键的作用。

二、普那路亚家庭

这是人类历史上第二种婚姻家庭形式。在这种家庭中，一个女子的丈夫有多少个兄弟，她就有多少个丈夫；同样，一个男子的妻子有多少个姊妹，他就有多少个妻子。共夫的女子或共妻的男子，互称"普那路亚"。

与血亲家庭不同的是，夫妻不能是同一氏族，血亲间的婚配关系被禁止了。建立普那路亚家庭形式的意义十分重大。它使夫妻间的人数减少了，夫妻之间的血缘关系排除了，夫妻在年龄上的差距缩小了。普那路亚家庭产生以后，氏族组织得到了充分发展，导致普那路亚通婚集团范围的缩小，产生了氏族内部禁止通婚的禁忌，从而排除了同胞姊妹的子女之间的婚配。由于氏族在禁止血系婚配方面不断起到的婚配作用，不许互相通婚的"兄弟"和"姊妹"类别越来越多。

随着这种婚姻禁忌日益错综复杂，普那路亚婚导致允许发生两性关系的范围不断缩小，早先是一群男人和一群女人都可以发生性关系，逐步变成一个男人或一个女人与多个女人或多个男人之间存在有相对固定的性关系。他(她)和她们(他们)之间的这种关系虽不牢固，也没有契约，但得到了社会认可。民族学研究资料显示，这种关系已经存在最简单经济关系，而且到后期，一个男子总是与某个女子为主要往来对象，一个女子也相对较固定与某

个男子交往。

三、对偶家庭

所谓对偶婚，是指一个男子和一个女子在一段时间内构成夫妻关系，它是由普那路亚家庭发展而来。这种家庭是由一对配偶在对偶婚的形式下结合而成，所生子女属母亲所有。对偶婚的特点是"结合短暂而不牢固"，它与前两种家庭最大的变化是摆脱了群婚。

恩格斯在《家庭、私有制和国家的起源》一书中说："对偶家庭产生于蒙昧时代和野蛮时代的交替时期。大部分是在蒙昧时代高级阶段，只有个别地方是在野蛮时代低级阶段。这是野蛮时代特有的家庭形式。"与前两种家庭形式还没有摆脱群婚杂交不同，在对偶婚家庭条件下，男女双方有了明确的婚姻关系，而子女的存在又使这种关系趋于巩固。但男女双方仍分别属于自己的氏族，没有独立的家庭经济，婚姻关系没有什么条件的约束，它可以根据夫妻任何一方的意愿而解除，以后双方都有重新结婚的自由。

一夫一妻制的形成

一夫一妻制又称"个体婚"或"单偶婚"，是由一男一女结成夫妻的婚姻家庭形式，它产生于原始社会末期，形成的根本原因是生产力的不断发展和私有制的确立。

在氏族外婚制的母系氏族社会里，世系是按母系血缘计算的，男性成员的子女并不属于他本人的氏族，而是属于他妻子的氏族，即子女的母系的氏族。随着男子在经济生产中的作用越来越重要，其在家庭中的地位随之提高，使得母系氏族社会中男子的社会地位与其在经济生产和家庭生活起到的作用不相协调的矛盾日渐尖锐。

于是，确认子女的男性血缘，成为证明男性在社会生活各方面都发挥着重要作用的关键依据，也就成为产生一夫一妻制的社会动力。而只有通过排他性的对偶婚，即两性关系十分固定的条件下，才能准确地确定和保证子女的父系血缘所属。

为了保证所生的子女确系自己的血缘，最可靠的方式就是让妻子到自己的家中一起生活，使妻子的行动处于自己的控制之下。于是，婚姻方式开始从"从妻居"向"从夫居"转变。丈夫具有独占同居的性质，婚姻关系变得

牢固持久，丈夫在家庭中的各种权力可以说是绝对的。

到了封建社会的发展阶段，有关婚姻伦理道德的要求，几乎全是针对妇女。她们只能从一而终，必须遵循三从四德，保证自己的贞洁，本质上就是要维护丈夫对妻子的独占特权。

早在公元前1世纪，罗马帝政时代就已经确立了一夫一妻制的"神圣婚姻"，但那时仍有自由离婚制度和公然纳妾的习俗存在。1545年至1563年，在意大利特兰特召开的罗马天主教大主教会议上，一夫一妻制婚姻法正式实行。一夫一妻制是基督教的婚姻法，基督教教义认为，上帝造人，起初只造了两个人，也就是一夫一妻。因此，在神前发誓的婚约，是"安定而纯洁的婚姻"，是"神圣的持续"，既已结婚，就不得离婚。

（节选自：徐兆寿，《非常对话》，中国青年出版社，2003年1月）

一夫一妻制自产生以后，就成为基督教国家的根本婚姻制度，由于基督教文明是强势文明，使一夫一妻制逐渐成为全世界主流的婚姻制度。作为家庭制度，从"一夫多妻制"演变成现在的"一夫一妻制"是合乎历史的总体发展规律的。现在，除了部分伊斯兰教国家和受外来文化影响较小的地区外，世界上大多数国家实行的都是一夫一妻制。

中国的一夫一妻制

在我国古代原始社会中的母系社会时代，基本是女性说了算，甚至可能存在一妻多夫现象。经过父系氏族公社时期孕育发展，到了夏商时期，统治阶级初步确定了一夫一妻制，但随之而来衍生出一夫多妻的现象。到了封建社会，君夫之权就压在妇女头上，男性说了算，实行的一夫一妻多妾制。在清末的太平天国运动中，洪秀全也提出一夫一妻制，但后来自己却破坏了。到了中华民国时期，一夫一妻才开始实行，并以法律的形式固定下来，但最后确定一夫一妻制还是在1949新中国成立之后。

在中国，一夫一妻制的产生同样是生产力发展的结果，财产继承关系的需要是一夫一妻制形成的直接原因。财富的拥有者掌握的大量财富，最终要由他们的子女来继承，这就首先需要确定父子的血缘关系，现代技术可以通过鉴别DNA来确定，但以前只能通过固定的配偶身份来确定，妻子必须专一，

不能与丈夫之外的任何男子发生性关系，这就要求形成一夫一妻制。它源于财产继承的需要，而财产继承反过来又巩固了这种婚姻制度。

中国一夫一妻制的形成有两个特点，第一是父系血统的确认。也就是男子要求认定确实是出自于本人的子女。第二是居住地的改变。也就是由原来的"男从女居"改为"女从男居"。

从有关资料看这种改变是相当不容易的。有些民族采取了比较缓和的形式，比如中国若干民族保留有"两头走"的习俗，实际上是一种在双方家庭的轮流居住；久而久之过渡到只在男方家庭居住。而许多民族采用了激烈的手段，这就是"抢劫婚"。男方氏族纠集一批人抢回外氏族的女子，强迫与本氏族的某一个男子成婚。我国古代重要文献《易经》有好几处生动地描述了抢婚的情况，比如"屯卦"里讲到，一队全副武装的男子，骑在马上来往飞奔，寻找到女子后强抢回家，被抢的女子在马上拼命呼救，一片凄惨的景象。

（节选自：陶毅，《婚姻家庭法》，高等教育出版社，2006年2月1日）

值得注意的是，古代的一夫一妻制与现代的一夫一妻制是两个概念。古代一夫一妻制是建立在丈夫的统治之上的一夫一妻制，是对女方而言的一夫一妻制，解除这种关系的权利操纵在男方手中。这种一夫一妻制是对女子自由的约束，女性在这种制度下是男人的附庸，在家庭中地位较低，而男子掌管着家中的一切大权，并公开地实行多妾制（在今天看来是多妻制）。女性是男人的私有财产，是为男人服务甚至供男人发泄的，数量的多少只是根据自己的经济能力和需要来定。直到现在，依然有"兄弟如手足，妻子如衣服"之说，实际上这就是古代腐朽思想的遗毒。

而现代一夫一妻制是两性关系平等的标志，是现行道德价值理念的必然要求，是保护妇女、儿童合法权益的重要保证，它保证每个成年公民都有机会建立婚姻家庭生活，为实现整个社会的稳定建立了基础。

婚外恋与一夫一妻制的关系

正方：婚外恋是对一夫一妻制婚姻制度的破坏

有人认为，婚外恋的最大的危害就是破坏了一夫一妻这种婚姻制度的基

本原则，违反了夫妻之间忠诚的义务。一夫一妻制认为，忠贞不渝是婚姻关系的基本信条，这也是整个社会普遍认同的观念，而婚外恋是对婚姻忠诚的破坏，是另一方所不能容忍的。

一旦发生婚外恋则意味着婚姻的失败，轻则伤及配偶的自尊和感情，重则导致离婚，给家庭和孩子带来无法弥补的伤痛。

婚姻最大的敌人就是婚外恋，它给对方带来巨大痛苦，让对方对婚姻和家庭失去自信，甚至没有了活下去的勇气。当婚外恋发生，它造成的伤害远远不止配偶，它会让双方的老人伤心，让亲友们叹息，更重要的是，它会牵涉到孩子，把伤害传给下一代。如果考虑给第三者家庭带来的伤害，则波及面更广。

在如何看待婚外恋这个问题上，中国人与西方人的观念存在很大差异。对西方人来说，婚外的性行为并不是最可怕的事情，最可怕的是与对方在情感上有了共鸣。而中国人觉得男女之间在一起聊天谈心或暧昧一些都没太大关系，只要别上床就行，更看重的是与婚外的异性有没有发生性关系。

因此，对中国人来说，婚外性比单纯情感上的婚外恋可怕得多。而事实上恰恰相反，相对于婚外性，婚外情对婚姻更具有杀伤力，婚外性获取的只是对方的肉体，而婚外情获取的却是对方的心，它的潜在威胁更为严重。我们要相信某哲学家这么一句话："性是可以分享的，爱是不可以分享的。"

实际上，婚外恋只是不忠诚的一个方面，是一种夫妻关系亮起红灯的警示，后面往往隐藏着更多的问题，这才是夫妻双方要反思的。俗话说，"苍蝇不叮无缝的蛋"，两人之间的关系淡漠、生活不和谐甚至相互间猜疑，都刺激了婚外恋的产生。

反方：婚外恋是一夫一妻婚姻制度下的合理补充

恩格斯说过，婚外恋是一夫一妻婚姻制度下的合理补充。婚外恋的存在具有普遍性，从婚姻制度的产生一直到现在，没有哪个时期，没有哪个地域，也没有哪个民族能例外。

婚外恋的存在有一个复杂的原因，它涉及人性、社会、伦理等等，比如婚姻也可以看作是性的结合，其作用不过是为了繁衍后代。由于长年的重复，尤其是繁衍后代的任务业已完成，夫妻之间的性生活可能会因为缺乏新意而变得索然寡味。此时，便会对婚外性产生一种向往，并设法去追求，以满足自身的生理欲望。

很多时候，发生婚外恋并不代表着当事人对自己的婚姻不满意，他们只是觉得生活太枯燥，想寻求一些新鲜感，特别是只重视婚外性的人。正如佩吉·沃恩所说："通常情况下，外遇只是寻找新奇和多样，与元配满意程度没有（多大的）关系。"

作为与现代人类社会文明发展相适应的婚姻制度，一夫一妻制度，体现着男女平等，保障了爱的排他性，也定义了男女交往的秩序。但这种制度的缺陷也是显而易见的，它人为地造成了男女交往的模式化，导致了很多婚姻中很多东西的缺失。

婚姻与爱情不同，爱情是自由的，它可以随时改变、随时转移，爱就在一起，不爱就选择分手，只要不滥情，就不存在什么道德和法律问题。可婚姻就不同了，婚姻是一生的契约，一辈子的结合，更重要的是，它是一种法定的责任和义务，一旦选择了就难以轻易放弃和逃避，即使遇到了一些感情变化，也只能选择继续承受，毕竟，离婚的创伤是巨大的。这就是婚姻制度不合理的地方，它类似一条单行线，进去就难出来，双方即使没有感情，也仍得无奈地坚持。于是，很多人选择了另辟蹊径，以另一种方式进行感情和性爱的补充，这就是婚外恋。

婚外恋已成为很多对婚姻不满者的情感后花园，传统的道德观念和价值观念在这里面临着巨大的冲击。只要存在没有爱情的婚姻就必然会有没有婚姻的爱情，这也是可以理解的。但是社会常常无视人的尊严，无视人的个体感受，不分青红皂白地去抨击去鞭挞。然而，从人类的发展和个体的视角来察看，人的尊严与自由应该是居于第一位的。

婚外恋，或者通俗地称为通奸，在某种程度上的确是爱情的代名词，但常常以悲剧而告终。对于到底应该对通奸持何种态度，人们矛盾之处和不同的质疑声音也是有的。我们失望地发现，当我们赞成通奸时，无疑践踏了法律，亵渎了道德、家庭的神圣和各种责任，当我们反对通奸时，又否定了爱的神圣与自由。自古以来，这就是一个矛盾和悖论。

一夫一妻制的评价

"个体婚制是一个伟大的历史进步，但同时它和奴隶制和私有财富一起，却开辟了一个一直延续到今天的时代，在这个时代中，任何进步同时也是相对的退步，一些人的幸福和发展是通过另一些人的痛苦和受压抑而实现

的。个体婚制是文明社会的细胞形态，根据这种形态，我们可以研究文明社会内部充分发展着的对立和矛盾的本来性质"。

——恩格斯

正方：一夫一妻制是一种违背人性的野蛮制度

有人说，一夫一妻制是不合理的、野蛮的、违背人性的制度。当今社会婚姻和家庭中出现的方方面面问题，究其原因无不与一夫一妻制有关。一夫一妻制的不合理性体现在以下几个方面。

1. 从进化论角度来说，一夫一妻制不符合物种进化规律。达尔文告诉我们，"物竞天择、适者生存"是自然界普遍法则，随着基因学的诞生，更为此提供了证据，物竞天择，竞的是"基因"。人类虽是高级动物，但也逃不出自然法则的约束，只有通过竞争，才能长久地保持整个物种的优异。毋庸置疑，优秀的男人生产出来的后代无论在体力和智力方面都是最棒的，这样有益于人类物种的延续，这也是优胜劣汰的道理，而一夫一妻这一人为的制度断送了这一途径。这种实行强制平均主义、违背自然进化法则的一夫一妻制不利于人种的进步。

2. 从经济学角度来说，一夫一妻制不符合市场经济体制下的分配制度，市场经济下，对分配的要求是按劳分配，多劳多得，能者多得，优秀的男人相对于那些不优秀的男人，能力和产出都比较高，在婚姻方面对异性吸引力大是正常的，而且这些男人也有能力照顾好多个妻子和多个后代。因此天下男人不应搞平均主义，对于有些男人来说一个配偶已经足够，而对于另一些男人来说只有一个配偶却是不够的，但一夫一妻制并未遵循市场分配原则，带有明显的强制性计划分配色彩。

3. 从人性的角度来说，一夫一妻制是不合乎人性的制度。人性是向往自由的，而且也是贪婪的，每个人都不想被约束，都想占有更多的异性，既然是天然的本性，也是无可非议。而一夫一妻制强制男人或女人都只能有一个配偶，使人们感到束缚和压抑，在婚姻中人类丧失了很多原有的自由。因为一夫一妻制过于枯燥和乏味，才会有那么多人去寻花问柳、红杏出墙，而没有出现这些情况的人也大多是在忍受中度日如年，只有极少数的人能够在这样的婚姻关系里持续地尝到乐趣和幸福。

4. 从爱情和婚姻的角度来说，一夫一妻制导致人类在面临婚姻不幸时，往往被迫选择忍受。这方面历史上有很多例子：苏格拉底的妻子是出了名的

97

悍妇，对他总是先灌之以雷声，继淋之以大雨，所幸的是，苏格拉底因妻子的暴躁，天天沉思，变成了伟大的哲学家；美国总统林肯，一个征服一国之民的总统，却无法搞定自己的老婆，饱受妻子的唠叨之苦；隋文帝杨坚也是一个怕老婆的典型，他的老婆不许他亲近别的宫女姘妃，并擅自做主处死了皇帝背着她偷偷宠幸的一个宫女，逼得杨坚快疯了，险些扔掉皇帝不做；孔子因为难以忍受妻子的唠叨给后人留下了两句名言，"唯女子和小人难养也"和"女子无才便是德"。如果想彻底避免不幸福的婚姻，除非废除一夫一妻制。

综观人类历史发展长河，一夫一妻制从来不是主流。20世纪40年代，人文学者乔治·马尔多奇曾对238个不同国家和地区的社会类型进行了考证。在它们中只有43个接受了一夫一妻制，大部分社会盛行着一夫多妻制。

在北美的印第安文明、南美的印加文明、亚洲和非洲的土著文明中，社会普遍接受一夫多妻制。在印加，家室的大小严格按照男人的权利和财富来界定，印加村寨中最年长者可以拥有7个妻子，一般的诸侯能拥有15个妻子，国王则拥有后宫上千佳丽。中国古代也较为类似，越是地位和财富显赫的家族，男主人拥有的妻妾就越多。这种制度能使最成功男人的基因较多地传承下来，在人类进化史上有一定的积极作用。

现今的非洲大陆，许多国家都实行一夫多妻制。时至今日，即使在美国这样一个经济和文化和法制高度发达的社会，仍然存在一夫多妻制的现象。

在美国西部有一个特殊群体——"摩门教基要派"，作为"摩门教"的一个分支，一夫多妻制这一古老制度在这里仍被奉行不渝。在美国希尔戴尔镇约有5000人，大部分信奉摩门教，他们并不遵守美国的法律也不遵循传统的选择，依然实行一夫多妻制。

摩门教的创始人是约瑟夫·史密斯，1830年他受莫罗尼的影响创建了摩门教，教徒的信仰就是一夫多妻制。该教一创立就吸引了大量的追随者，以至于反对摩门教的人认为摩门教已经在政治、经济和宗教方面对他们构成了极大的威胁，所以摩门教在发展的同时也受到了残酷的打击。1890年，面对联邦政府反一夫多妻制法律下没收教会财产的威胁，摩门教领导层发表宣言，宣布终止一夫多妻制。此举当然没能终止这种风气，摩门教对这一事件扭曲的处理方式（譬如，有些教会领导仍保持多妻，甚至在宣言发表后继续娶妻），导致摩门教与基要派之间的分裂。基要派发言人威利·杰索普认

为，"我们基要派相信圣约是与上帝立下的，不应受政治因素操控，这样就造成我们与摩门教主流之间的巨大隔阂。"

但基要派为坚守誓约而付出了极为惨重的代价，政府针对多妻制人群展开的诸多抓捕行动。犹他州和亚利桑那州政府都曾多次企图搞垮基要派居住的肖特克里特社区，其中1953年那次抓捕最为著名，大约200名妇女儿童被强行带到拘留中心，26名男性因多妻行为遭指控。但是，此时出现了很多妻子为丈夫进行辩解的行为，这凸显出了多妻制信仰中最令人不解的因素：妇女在捍卫一夫多妻制信念的过程中扮演主要角色。这已不是什么新鲜事，例如，一个慈善团体跑到犹他州建立了一家避难所，来接纳从多妻制度的"妇女奴役团伙"中逃出的妇女，结果几乎一直无人上门。如今，希尔达勒-科罗拉多城地区基要派社区中的妇女是大有机会"逃跑"的，她们有手机、会开车，也没有武装人员看守，但是，却没有人这么做。

尽管经历了很多遭到政府驱逐的艰难期，但各户人家在熬过这个期间之后，都开始慢慢往回迁移。这种情况在摩门教基要派的历史上有很多回，当外界以为已经把这种制度打垮的时候，却发现它又重新焕发活力。

（改编自："最后的乌托邦：探访美国一夫多妻制群体"，《华夏地理》，2010年2月，总第92期）

美国对一夫多妻的现象采取了压制措施，但依然没能使它们消失。世界上还有一些国家，在法律中认可一夫多妻制的现象。

一夫多妻制比较常见，但一妻多夫制就较为罕见了。巴西某地婚配方式十分灵活：一夫一妻制、一夫多妻制和一妻多夫制并存，我国西藏的门巴族、珞巴族和藏族中也存在过一妻多夫制。一妻多夫制是一种人类婚姻的例外形式，仅占世界婚姻总量的1%左右。

反方：一夫一妻制是的人类文明的必然选择

不可否认，一夫一妻制只是一种人为制度，并非自然形成的，人类的天性和行为，只要不对他人、不对社会造成损失或伤害，应该是自由的、不受限制的。但一夫一妻制之所以能成为现代社会婚姻制度的主体，是人类文明发展的结果。

从根本上说，一夫一妻制是人类文明的产物。可以想象，如果完全按照竞争选择配偶，那么少数能力高的男人会拥有大量女人，而其他男人则不得

不瓜分剩下的，甚至连一个也得不到，这必将引发男人之间的愤怒和争斗甚至屠杀。一夫一妻制在原始社会末期就产生了，当时，部落内部和部落之间为了争夺女人，流血事件时时发生，这对部落的发展和生存都是个巨大的威胁。为了达到配对平衡，实现社会稳定，最直接最有效的方法就是实行一夫一妻制。

因此，一夫一妻制是男人之间达成的一项协议，或者是优秀男人出于种种利益的考虑向次优秀男人的一种妥协，以此来换取稳定，避免斗争带来的损失。一夫一妻制还可以看做是男人之间平等的产物，这一制度使得男人在配偶获取方面享有平等的权利，它有助于让能力最差的男人也能找到妻子，以此来达到人类社会的稳定和团结。

从遗传学上看，一夫一妻制更有利于后代的健康。后代含有父母双方各自一半的基因，而且择偶往往在一个范围不大的地域内选择，如果实行一夫多妻制或一妻多夫制，那么在经过若干代之后，夫妻双方具有重复基因概率就会大大增加，血缘关系会越来越近，根据生物进化科学，这对人类的繁衍是不利的，而一夫一妻制符合遗传规律，最大限度地避免了基因重合的可能，对人类的健康更为有利。

不可否认，一夫一妻制在一定程度上是违反人类本性的，虽然这个制度有不合理的因素，但人们依然告别了自由的单身选择结婚，之所以做出这个决定，是因为他们知道在婚姻中得到的会更多。一个人毅然走入婚姻殿堂，放弃与其他异性相遇的机会，做出只爱一个人并与之生儿育女的决定，是因为他深知自己的生命中需要这个人。这标志着人类已经走出了完全动物式的欲望，是一种人类文化的进步。

一夫一妻制的合理性还有更深的哲学基础。卢梭在探讨人类的自由问题上，提出了现代社会的人们如果想重新获得自由，就需要达成一定的契约才能实现。而契约的达成必须遵守一定的原则与规范，婚姻的性质是契约性的，它包括了：自由、平等、爱与责任。尽管卢梭说"人生而自由"，可由于人自身与外部环境的制约，却时刻处在枷锁之中，感觉不自由。

所以，对于契约性质的现代婚姻制度的确立的首要前提就男女双方自由选择，这也是一般契约的前提，只有基于双方自由选择的婚姻本身才能具有更强的稳定性与合理性。而体现公平的自由选择的基础是平等，如果是处在不平等地位的男女双方，即使有自由选择的权利，但因为地位的不平等，这样的自由选择就是不公平的，缺乏合理性，只有建立在平等基础上的婚姻，

才能谈爱与责任。自由、平等、爱与责任，对应的必然是现代一夫一妻制。

一夫一妻制的婚姻一旦形成，夫妻双方就要承担相应的责任与义务，既有彼此间相互忠诚、相互照顾的义务，也要担负对儿女和父母养护责任。理想的婚姻是和一个人自由地相爱，相互付出，从一而终。

一夫一妻不是人类的专利，动物界有许多动物实行的也是一夫一妻制。常见的动物中实行一夫一妻制并对配偶非常忠贞的有：狼、狐狸、兔子、燕子、天鹅、猫头鹰、企鹅等。

据研究，有90%的鸟是一夫一妻的，其原因是它们需要共同筑巢，一起哺养幼鸟。单靠一只鸟不够，两只鸟轮流喂食，小鸟才能顺利成长。野生的灰雁是绝对奉行一夫一妻制的，一只雄雁有配偶后忠贞不贰，甚至在丧偶后大多也宁愿独守孤身，不再另寻配偶。企鹅是动物中"情比金坚"的爱家模范，他们实行的是"一夫一妻制"，一生只会寻找一个伴侣，而当一对企鹅中的一只不幸早亡，另一只则也会因悲伤过度而不久于世。丹顶鹤也是一夫一妻制，配偶死后，另一只丹顶鹤将终生不娶（嫁），直至孤独终老。对于哺乳动物，科学家估计大约30%的哺乳动物是一夫一妻制的。狼、狐狸、有些猴子以及猿是按一夫一妻制生活。水獭是一夫一妻互相合作的好例子。它们一起筑巢，双双保护小水獭，具有合作本能，一旦有不速之客雄水獭闯入，雄水獭就全力赶走它；同样，一旦有雌水獭闯入，雌水獭也会赶走它。乌干达羚羊也是一夫一妻的坚定守护者，单身的公羚羊一见母羚羊进入了它的领地，就立刻飞奔前去表示温存，一旦母羚羊接受了它的爱，从此就一辈子在一起。

（《上海环境报》，第718期，第四版）

一夫一妻制究竟是合理的还是不合理的？无论支持者还是反对者，都能举出很多例子，或许本来是大众眼中简单的问题却变得难以评价。在分析其合理性时有一点我们需要注意，那就是社会道德观和评价标准是随着社会发展而不断变化的。马克思曾说："在原始时代，姊妹曾经是妻子，而这是合乎道德的。"同样，一夫一妻制是当今社会的道德观，所以一夫多妻、一妻多夫和婚外恋都会遭到社会的谴责。但在未来，人类这方面的观念会一直不变吗？

即使同样是一夫一妻制，不同国家面对婚外恋时，也存在着不同取舍态

度。正如罗素所说："一夫一妻制有两种模式：一种是美国模式，永远是一夫一妻制，但是在不断地更换配偶；另一种是法国模式，坚守家庭，双方对婚外的激情予以谅解。"谁能说，两种模式哪个更合理，哪种处理方法更为智慧？

一夫一妻制的前景

任何一件人为的制度都不是一成不变的，一夫一妻制也一样，它是人类历史上一定阶段、一定环境下的婚姻家庭形式，但它不可能成为最后一种形式，它有一个产生、发展和消亡的过程。至于将来它会向哪个方向发展，人们会用哪种更合理的手段来处理婚姻和两性关系，目前来看比较难预测。

事实上，一夫一妻制正经受着一定挑战。据有关调查，很多人对一夫一妻制是有一些看法的，只不过由于迫不得已只好顺从而已。从他们的观念看，自由结合的婚姻更符合现代人的爱情婚姻观，更符合人自由的内心。

很多男人会有"意淫"，与女性暧昧地聊天或在网上挑逗女性，并想与多个女子发生性关系，但却又不敢付诸于行动，这是社会的道德约束力在起作用。当今社会道德观的约束，导致了人们尚不敢跨越这个雷池。这一观念将来会被什么观念所取代，我们尚不敢猜测。但是，有一点我们可以大胆的猜测，那就是一夫一妻制不会一成不变的存在下去，未来肯定会有某种婚姻制度去完善它。

从传统文化倡导的"白头偕老"、"从一而终"，到当今年轻人"不求天长地久，只求曾经拥有"，新的婚姻观实际上已经对传统道德观和婚姻观念造成了很大冲击。但两者都不是金科玉律，前者重视婚姻的稳定性但缺乏人性，后者看似自由脱俗，却丧失了应尽的责任和义务。究竟未来社会更接受或偏向于哪一个？

近年来离婚率上升现象也引起了广泛关注，据统计，美国的离婚率居全球第一，几乎每两对美国夫妇就有一对以离婚收场，中国几个大城市的离婚率已超过30%，尤其是年轻夫妻离婚率的明显上升。

比如杭州，办理离婚登记的人数，2003年为4773对，比2002年上升了36.7%；2004年办理8290对，比2003年上升了73.6%；2005年办理9335对，上升了12.6%……到了2009年，离婚登记人数已达到了14468对。根据趋势，这一数字仍在扩大中。

更为不可思议的现象要数"同性婚姻"了。在20世纪晚期和21世纪早期，

以及有一些要求将婚姻扩展到同性之间的运动开始发展起来。21世纪的近10年里，同性婚姻陆续在荷兰、比利时、西班牙、加拿大、南非、挪威、瑞典、葡萄牙、冰岛、阿根廷等国家被承认是合法的。近年来，正式通过同性婚姻法的国家越来越多。同性婚姻，这在过去是不敢想象的，但今天却变成了现实。对于未来，有什么事情不可能发生呢？

此外，还有试管婴儿、丁克家庭等新现象层出不穷，也影响到了家庭的成员、后代数量，如果这种群体扩大，对以后的婚姻制度也会产生影响。再大胆地设想下，假如未来出现克隆人，那两性关系和家庭关系又该如何处理？

未来一夫一妻制的前景究竟如何，婚姻制度会发生什么样的变化，或许以今天的思维难以想象，就让历史来说话吧。

8

婚外恋中的个人隐私

2007年在一份针对中国民众所做的"全国公民道德状况调查"中，当问到对于婚外恋的态度时，虽然接近一半的人认为"是一种不道德行为，坚决反对"；但也有26.35%的人给予了"理解"；还有15.07%的人把婚外恋划属于"个人隐私"，认为不应"受到道德的谴责"，更有少数人持"认同"态度。

随着网络社会的到来，隐私的泄露变的越来越简单，影响的范围也越来越大，于是很多人主张将婚外恋列为"个人隐私"。那么，婚外恋应不应该算作个人隐私呢？婚外恋中受害的配偶方是否有知情权和调查权，是否能诉诸媒体，求得舆论的支持呢？

隐私权与知情权

隐私权一般是与知情权对应出现的，有些信息是隐私，有些公众应知情的信息。

一、隐私权

人类在以树叶蔽体时，隐私的意识就已朦胧形成。后来，随着社会的发展和人类物质生活水平的提高，对精神生活的要求越来越高，都希望过一种安宁的、不被外界随意打扰的生活。于是隐私越来越得到人们的重视。1890年，美国学者路易斯·D.布兰代斯和萨姆尔·D.沃伦在《哈佛法律评论》上发表了题为《论隐私权》的一篇文章，首次提出来了隐私权的概念，他们将隐私权界定为生活之私权利和不受干扰的权利，内容为个人对其身事物的公开揭露权，其所保障的是个人思想、情绪、感受或者不可侵犯的人格。后来，隐私权逐渐被美国法律确认，之后在全世界得到广泛的采用。现在，隐私权

已经是两大法系普遍认可的法律概念，它是一项重要的民事权利，在现代社会与人们生活息息相关。

王利明教授在其主编的《人格权法新论》一书中认为：隐私权是自然人享有的对其个人的与公共利益无关的个人信息、私人活动和私有领域进行支配的一种人格权。简单地说，隐私权就是在生活中每个人都有不愿让别人知道的各种秘密，如个人的私生活、日记、书信、生活习惯、身体缺陷等。自己的秘密不愿让别人知道，这很正常，这也是法律赋予个人的权利，这个权利就叫做隐私权。

虽然对女人来说，一丈以内才是夫，但终归男人这种动物还是得放养的。

107

二、知情权

知情权又称为了解权或知悉权，它有广义与狭义之分。

广义知情权是指知悉、获取信息的自由与权利，包括从官方或非官方知悉、获取相关信息。狭义知情权仅指知悉、获取官方信息的自由与权利。随着知情权外延的不断扩展，知情权既有公法权利的属性，也有民事权利的属性，特别是对个人信息的知情权，是公民作为民事主体所必须享有的人格权的一部分，故现在的知情权概念一般是指广义的知情权。知情权看起来好像与隐私权是水火不容的，但二者之间实际上是一种相辅相成，息息相关的关系，在公开与限制公开之间探求平衡是知情权制度的核心内容之一。

隐私权因人而异？

在婚外恋行为中，夫妻出轨一方与情人自然主张隐私权，只是主张隐私权的同时损害了夫妻关系的另一方。可见，隐私权与知情权有着必然的联系，当你主张隐私权的时候，必定有人希望知情，隐私权与知情权存在着对立。而且，二者关系因人而异，同样是个人隐私，公众人物与普通人之间又有不同。

公众人物与普通人都具有隐私权，然而在具体隐私权受到侵害时，有可能受到不同的待遇。公众人物的许多活动并不完全是私人事务，它会给社会和周围人群造成影响，因此具有很强的社会性，他们的个人生活领域与社会公共领域之间存在着重合。这使得公众人物肩负着更多的社会责任，其具有榜样作用，社会必须严正视听，使其符合社会的道德与规则。当然也不排除强势的公众人物利用手中资源使自己的隐私受到更好的保护，但这只能加重社会的谴责。

提到公众人物，最明显的莫过于娱乐明星。明星的隐私，一直以来就吸引着大家的眼球。在公共场合明星被偷拍早已是家常便饭，甚至连在自己家里的私人生活也不时见诸报端。狗仔队总有办法跟踪并捕获明星的各类八卦消息，明星有时觉得自己像个"透明人"，稍不留神昨晚的约会今天就登上今天的娱乐新闻头条了。

近年来，针对"公众的知情权"和"明星的隐私权"的争论，一直都没停止。很多明星的糗事被偷拍，也往往只能认栽，只要不涉及太大的隐私，

很少有谁会去诉诸法律。不少人会说，既然当明星，还怕被曝光？那么，明星到底有没有隐私权？他们的私生活是否该受到保护呢？答案很明显，明星和普通人一样，当然有隐私权，任何人侵犯了他人的隐私权，都是要负一定法律责任的。

当然，在隐私权保护方面，娱乐明星与其他类型的公众人物还有不同，因为娱乐明星有个特点，在知名度来源上往往依赖绯闻和隐私。明星的影响力主要来源于大众的关注，很多明星并不介意媒体报道自己的部分隐私，因为他们可以通过曝光和花边新闻来提高自身的社会关注度，从而获得更旺的人气，取得更高的收益。因此许多明星爱"自曝隐私"，即使我们不想知道，他们也要主动说出来，希望各家媒体去争相报道，因为越爆料他们才会越红。

在隐私权的限制方面，我们普遍认为明星作为公众人物，他们有义务要把一些"对普通人来说是个人隐私"的隐私告知社会大众，换句话说，他们要比普通人享有更少的隐私权。原因很简单，公众人物占有大量的社会资源，从社会得到支持，汲取营养，获取利益，自然就应该承担更多的社会责任。

明星的私生活往往在很大程度上会影响到社会大众，尤其是一些不良的行为，会引起公众模仿，甚至会对社会的价值观取向造成误导。因此，对明星隐私权的限制实际上也是一种有效的社会监督，只有把明星置于阳光下，才能避免不阳光的事件发生。美国法律就规定自愿成为公众人物的人，无法主张跟普通民众一样多的隐私权，理由就是：名人从媒体的曝光中获得实质的利益，但不能总希望好的曝光，也必须接受负面的曝光。

而且，当今的娱乐明星拥有大量的青少年"粉丝"，他们不良行为有可能树立起一个不好的榜样，从这个角度来讲肯定公众的知情权也是社会对青少年负责。

当然，媒体和大众也不能滥用知情权，在行使知情权时，不能侵犯明星与公众利益无关的个人隐私，不能伤害到他们的人格尊严，更不能恶意捕风捉影，进行随意污蔑和诽谤。

相较于明星，同样作为公众人物的政界人物隐私界定又有不同，国家和社会对政界人物的婚外情要求是极为严格的，因为作为国家公务人员，代表着国家形象，行使着社会管理职责，一旦他们产生婚外恋，往往会给国家和社会造成危害。

干部养情妇是不是个人隐私？据《法制日报》报道，浙江省温州市瓯海

区委书记谢再兴被杭州市公安局依法刑事拘留后，已交代承认其杀害情妇事实。3月30日，温州市瓯海区人大常委会第30次会议作出决定，谢再兴因涉嫌刑事犯罪，被罢免温州市人大代表职务。

无独有偶，2007年济南市原人大常委会主任段义和制造了炸死情妇柳海平案。段义和因爆炸罪、受贿罪、巨额财产来源不明罪被判处死刑，剥夺政治权利终身。谢再兴包养情人七八年之久，段义和与柳海平的情人关系维系了10多年，最后都一拍两散，以命案终结。

两起案件，所涉人物、年龄、地点不尽相同，但有相似之处：都是一级官员有严重经济犯罪，杀害情妇，这不能不让人深思。这两名官员长期包养情妇走向罪恶深渊，是个人品德败坏所致，是咎由自取。但问题不仅仅止于此，从中还暴露出在监督、纠正方面的漏洞和问题。

报道说，谢再兴包养情妇在当地早已不是秘密；段义和包养情妇，当时的济南官场早已风传，干部群众时有反映。但为什么没人出来批评和制止他们的丑行，任其肆意妄为越走越远，以致酿成惨案，教训深刻。我党历来要求各级干部坚持高尚的道德操守和健康向上的生活情趣。《中国共产党纪律处分条例》第150条规定，与他人通奸，造成不良影响的，给予警告或者严重警告处分；情节较重的，给予撤销党内职务或者留党察看处分；情节严重的，给予开除党籍处分。重婚或者包养情妇（夫）的，给予开除党籍处分。

2007年6月1日起施行的《行政机关公务员处分条例》中规定，公务员包养情妇的，"给予警告、记过或者记大过处分；情节较重的，给予降级或者撤职处分；情节严重的，给予开除处分。"然而从上述两案来看，当地的相关部门未能严格按照规定履行职责，对其行为及时进行责任追究。

现在有些干部将养情妇、"包二奶"视为"小节"，认为是个人隐私，他人不应该干涉。有关执法执纪部门也只将它看做"生活作风问题"，平常视而不见，往往宽容处理，就是处理了也无关痛痒，起不到敲山震虎的作用，使得一些人有恃无恐。而权力缺乏制约，监督失之于软，更让一些"一把手"生活腐化堕落，在包养情妇问题上游刃有余。

公众早已从媒体曝光的腐败案件中总结出十个贪官九个色的官场情妇现象。包养情妇"小事不小"，检察机关近年查办的不少腐败案件，都是从贪官情妇那里突破的。这也提醒纪检监察部门，一旦发现干部在作风上有问题，就要密切注意他们经济犯罪的蛛丝马迹。监督部门要善于由此及彼，发现苗头后尽快采取措施严格管束，力求把问题消灭在萌芽状态。谢再兴与情妇相

好七八年，在台州早已不是什么秘密。如果纪检部门能及早介入，严格执行相关法纪，也许就不会酿成如此的悲剧。

（《京华时报》，2010年4月3日）

与公众人物不同的是，普通人进入社会公共领域的程度很有限，对社会的影响力较小，许多活动也仅仅关乎自身，所涉及的只是个人私生活领域。

在个人私生活领域中，由于每个人的人生观、价值观、道德观不同，生活方式和行为习惯也有很大差异，只要对社会不构成危害，私生活领域中这种差异性和多样性是应受到肯定和保护的。因此，不同于公众人物的隐私权受到限制，普通人的各类私人生活和隐私权都是要受到广泛保障的。

截然不同的结局

婚外恋是一种特殊的关系形式，婚外恋所涉及的隐私也是特殊的，它不简简单单的是个人隐私，还涉及社会公众的知情权，涉及社会道德和规则。这种情况下，不能一味地以隐私权为借口，采取回避的态度，必须在保护隐私权的同时，尽量使社会满意，即达到隐私保护与社会满意的双赢效果。

对婚外恋隐私权的看待和处理，要慎之又慎，如果仅仅一味的追求隐私权，却置道德意识于不顾，那么最终失去的也许会更多。下面我们来看看弗里特克罗夫特和老虎伍兹的故事，同样是公众人物，同样是婚外恋，由于采取的措施不同，结果也不同。

英超球星搞婚外恋隐私是否应当受到保护，能否被新闻界曝光的官司，在经过12个月的争论后终于有了结果：布莱克本队队长弗里特克罗夫特最终输掉了这场官司，他的名字终于被公布于众。

已经结婚并有两个孩子的弗里特克罗夫特曾与两个女人有过关系，第一位是脱衣女郎，另一个是幼儿教师。两人后来发觉他已经结婚，去年9月，便将她们的经历告诉了《星期日人报》。但未等消息发表，弗里特克罗夫特便得到消息，立刻将报纸告上法院，认为根据2000年10月开始生效的欧盟人权法，报纸应该保护他的隐私权。当时高级法院的法官判定婚外恋作为个人隐私应当保密，因此禁止《人报》发表对于两名女子的专访。该报随后以侵犯新闻自由为理由上诉到英国上诉法院，经过几个月的审理，上诉法院推翻了原来

的判决。

弗里特克罗夫特随后继续上诉，上诉法院首席法官伍尔夫和其他两名法官认为，如果禁止媒体对他的名字曝光，将是干涉"新闻自由"，不过几名法官同时决定，如果他能在3周的时间内，提供足够的理由，他们可以重审此案，然而他的律师并没有说服法官，直待最后期限截止。最终，媒体曝光了弗里特克罗夫特的名字。

伍尔夫说："公众人物应该作为社会的榜样，如果他做了令人讨厌的事情，不能以保护隐私为借口逃脱掉公众的监督。公众人物在做任何事情时，都应该预料到媒体会关注他们，而媒体也有报道他们行为的自由。"

输掉这场官司让这名球星付出了20多万英镑的诉讼费。弗里特克罗夫特1999年与脱衣舞女帕默拉发生关系，现住在澳大利亚的帕默拉说，弗里特克罗夫特给她打过700多个电话。

与幼儿教师的关系自去年1月开始，他自称独居并希望一起度假，最后在他400多个电话的轰炸下，此教师终于屈服，他还提出两人会结婚，并且根本不想掩盖两人的关系，多次将她介绍给自己的队友。《人报》编辑瓦利斯曾称，这一判决是"历史性"的胜利。

（摘自：新华网，2002年3月30日）

弗里特克罗夫特以保护隐私为由将报社告上法庭，但法律最终没有支持他，同样，他也因偷情受到球迷的奚落和唾弃。相反，身陷绯闻门的高尔夫超级明星老虎·伍兹至今仍获半数以上美国人的喜欢。

2009年的那几天，伍兹可能是世界上最焦头烂额的人。老虎代言的广告已淡出了美国电视的黄金时段，以他名字命名的"佳得乐老虎焦点"饮料也已经从商场里消失。他在高尔夫球事业的未来，以及身为世界体坛第一摇钱树的商业前景会不会因此一蹶不振？

奇怪的是，美国最新的一份民意调查显示，虽然伍兹的支持率与2002年的最高峰88%相比下滑了不少，但仍有60%的美国人表示继续喜欢这只"老虎"。这六成的支持率，也已经相当令人惊讶，要知道，美国总统奥巴马的最新支持率甚至都不到50%。至于绯闻，超过半数的人认为那只是他的私生活，与他们喜欢的那个伍兹形象无损。就算丑闻曝光，人气还是高于奥巴马。

（摘自：雅虎体育，2009年12月10日）

虽然老虎伍兹因为在婚姻方面的问题被媒体和公众指责为不忠，给自身的名声和公众形象造成了负面影响。不过对于这些问题，相关的广告商和合作伙伴并没有爆发大规模的毁约行为，游戏厂商EA就表示，尊重老虎伍兹隐私，与其合作关系不会改变。超过半数的美国人也对背叛了家庭的伍兹选择了原谅，这是为什么呢？

绯闻事件发生后，老虎伍兹第一时间在其个人网站上发表道歉声明，宣布无限期退出高尔夫球坛，以修补和妻子的关系，并恳请大家原谅。这个公开的道歉声明起了很大的作用。伍兹说："我需要把注意力集中在当一个更好的丈夫、父亲和人上。"

在美国人的心目中，家庭观念固然非常重要，但隐私权也是不可侵犯的，老虎伍兹一方面主动公开认错，博得公众谅解和同情，另一方面委婉地告诉媒体应该尊重他的隐私："家庭内部的问题不应该向公众坦白。"这两种策略的结合，起到了很好的效果，挽回了老虎伍兹的形象，重新取得了公众的支持。

中国隐私权现状

看到欧美对隐私权的保护判例有声有色，让我们不由感叹，西方真是重视隐私权！西方对隐私权形成了一套相对完善的保护体系，既有法律上的规定，又有舆论上的氛围。相较之下，我们再看看中国，隐私权到底处于一种什么样的状态？

首先，不注重家庭的隐私。夫妻中一旦有一方产生外遇等问题，另一方便毫不手软的将其公布于天下，以获得舆论上的支持，而全然不顾家庭成员的名声。中央电视台某著名主持人的夫人因老公外遇闯进电视台直播间，痛斥其夫不忠，把原本家庭内部的事情，弄得满城风雨，唯恐天下人不知。丈夫有了外遇就到单位去闹，已成为中国妇女的一种惯常手段，此刻丝毫没有隐私权的概念，这从侧面反映了中国还是缺乏隐私意识的。

其次，不注重他人的隐私。2005年6月，一份囊括了近600位明星的私人电话号码、家庭住址的帖子出现在某论坛上，据证实，名单上的电话号码有六成以上是真实的。随后该帖在网络上迅速传播，一时间，这些明星生活与工作受到了严重的干扰。我们这个时代是以暴露隐私为荣的时代，明星以自曝隐私吸引眼球达到出名的目的，芸芸的普通大众喜欢打听周围人的隐私，

113

狗仔队为了挖独家新闻不惜以身试法。加上现在各种场合针孔摄像机遍布，隐私保护变得越来越难。

最后，一些人连自己的隐私都看的一文不值。譬如，现在不少女性流行拍完全赤身裸体的那种艺术写真，这倒是个人自由，无可厚非，但有些女性却把这些照片发到博客或论坛上，任人浏览评说，不知道当其父母看到女儿这样惊俗出格的举动心里会是何种滋味。更有甚者，将自己的性爱经历写成日记或小说，供大众欣赏。诚然，时代在进步，思想观念开放点，也不是什么坏事，可是，无论做什么事情都应该有个"度"，思想观念一旦开放到令常人难以接受的地步，就成了一种悲哀了。

古人说婚姻是长相厮守，就是说要互相站岗，防止感情走私。自从有了彩信拍照手机，我的爱情岗哨就越来越多了……

114

隐私权与其他权利的平衡

当夫妻一方感觉到或已经发现配偶有婚外恋时，常借助私家侦探调查取证，私家侦探公司在接受调查委托时，常常面临两难选择，他们既要顾及到被调查人私生活的隐私权，又要维护委托人或受害者的配偶身份权。而这两种权利之间在此时是冲突的，保护一个人的权利可能会损害到另一个人的权利。当私生活的隐私权与配偶的身份权发生冲突时，法律就要做出取舍了。

考虑哪种权利退让，要根据社会可能付出的代价做出的取舍。从现代社会权利结构来看，最基本的人权是人的尊严和自由，这是文明社会的基石。如果我们破坏了它，需要付出的社会成本就会很高。因此，一方面，我们要把隐私权的保护放在一个重要的位置，另一方面，我们也要不能忽略其他权利。

一、注重隐私权

心理学家研究过，人都是有喜新厌旧的情绪的，只是有的人在责任的感召下，他选择了压抑自己。但是现在的社会人的思想大都放开了，觉得人就应该去追求自己想要的东西，喜欢就去大胆追求。

一直以来，我们大多将婚外恋与社会稳定之间视为负相关关系，受"家庭的稳定关系到社会的稳定"的说法影响，常常把离婚率与社会稳定联系起来看，并把婚外恋当成离婚率上升的主要原因，因此得出结论：婚外恋越多，离婚率就越高，社会也就越不稳定。

实际上，这种负相关关系只是一种假设，历史上没有一次是因为离婚率上升到导致社会动荡。在世界来看，欧美等离婚率高的国家，社会不一定就不稳定；非洲和阿拉伯等离婚率低的国家，社会也不一定就稳定。此外，婚外恋的高低有时甚至是无关乎幸福的，婚外恋比例高的地区，人们的幸福感未必差；反之，婚外恋低的地方，人们幸福感未必就高。

因此，婚外恋并非事关多么重大，可以被看做仅仅是个人私事，很多问题，我们若是不赞同可以自己不那样做，但我们无权干涉别人那样做。每个人有自己的生存方式，不需要我们去指手画脚，这大概是人们对婚外恋宽容的原因之一。

隐私权是一种人格权，是存在于权利人自身人格上的权利。隐私权的权

利主体是自然人，客体是与公共利益无关的隐私，包括个人活动、个人信息和个人领域。就婚外恋而言，它发生在两个当事人之间，当事人视这种恋情是自己的绝对隐私，来往都是秘密不公开的，因此属于个人活动。可见，婚外恋在权利主、客体上满足隐私权的构成要件，所以在法律上应和其他所有"正当"的隐私一样获得保护。

既然受到保护，那么婚外恋中受害者的取证行为是不是对过错方隐私权的侵犯呢？当过错方以行使隐私权的名义，对受害方取证行为进行阻挠和破坏，那受害方的权利该如何得到保障？

这就涉及了隐私权与知情权的协调问题。由于婚外恋涉及第三人的利益，所以过错方隐私权的主张不能对抗配偶一方的知情权，也不能对抗对方合法的调查权，这是保护受害方权益的需要。当然，除了必要的司法调查外，知情权人不得将所知情况对外公开，这是保护隐私权的要求。那种向社会公布他人婚外性生活与情感生活的做法是不对的。

二、兼顾其他权利

我们有必要认识到，那些反对用法律惩戒婚外恋行为的观点，多半是"自由主义"的拥趸者，他们认为法律介入个人私生活领域，是对隐私的侵害，是对个人自由的威胁。

其实，"自由"与"隐私权"都属于具有相对概念，世上没有绝对的自由权和绝对的隐私权。自由权和隐私权并不是没有边界，在任何情形下都适用的。

譬如包"二奶"的当事人就不能随心所欲享有婚外恋的自由权和隐私权，它的直接后果就是威胁家庭稳定，影响社会安宁。因此，只要家庭仍还有涉于人口再生产、儿童抚养及教育，只要家庭仍还是社会生产与生活的组织基本单位，"自由"的包"二奶"行为就不应得到认可，人们的这种自由权和隐私权就应受到限制。毕竟，当仅有的道德约束无法抑制其带来的社会成本时，运用法律的惩戒来降低社会成本，也是一种值得考虑的选择。

此外，我国《民事诉讼法》第64条第一款规定的举证责任分担原则是"谁主张，谁举证"原则。也就是说，在民事诉讼中，不论是原告、被告还是第三人，只要向人民法院提出诉讼主张的都应对所提出的事实或理由提供相应的证据加以证明。

由此可见，婚外恋中受害方的知情权应该得到保障，此时知情权体现为

调查权。它不仅仅体现在知悉情况，更多地体现在搜集证据上，以证明"婚外恋"行为事实上存在。

《民事诉讼法》第50条规定，当事人有权搜集、提供证据。第61条规定，代理诉讼的律师和其他代理人有权调查搜集证据。可见，民事诉讼当事人及其诉讼代理人拥有调查取证的权利，虽然这一点与隐私权有冲突，但也是理所应当受到保证的。

矛盾命题：打击还是保护？

婚外恋历来就被认为是不道德的行为，在我国古代是被严厉禁止的。当然，那时候已婚男人如果喜欢上一个女人，可以将之纳为妾，但女人就没这么幸运了，一旦发生婚外恋则永世不得翻身。新中国成立以来，人们对婚外恋也普遍持不赞成态度，社会和法律界对此有过几次大讨论，认为婚外恋行为使人堕落腐化，破坏正常家庭，搅乱社会安宁。

然而，婚外恋在法律上是作为一种个人隐私受到保护的。既然是不道德的行为，为什么还要加以保护呢？是我们立法方面有问题吗？

冲突下的平衡

隐私权和法律中其他权利如知情权之间存在着冲突与矛盾，法律既不能因保护公民的隐私权而损害公民的其他权利，也不能因保护公民的其他权利而损害公民的隐私权。对于如何平衡这种冲突关系，我们总结了以下几点：

首先，将婚外隐私中涉及的个人利益、他人利益及公共利益进行权衡，确定优先次序和保护程度。一方面，对社会公共利益不构成危害或危害程度甚微的，其隐私权应得到保护，其知情权仅限于配偶和家庭成员；反之，如果对社会造成恶劣影响，甚至因婚外恋给社会带来损害的，譬如国家干部包养情妇等，要予以公开谴责，并在法律上加以追究。另一方面，婚外恋行为程度较轻，仅仅存在于暧昧层面，没发生实质性的关系，没背弃家庭，没给配偶带来重大身心伤害，则应优先保护隐私权；如果一方违反了夫妻相互忠诚的义务，给配偶的身心健康造成了明显的伤害，则应优先保护知情权。

其次，权利和义务是对应的，在行事自身知情权的同时，要履行维护对方隐私权的义务。当婚外恋发生时，受害方只有向知情人了解、收集证据，

才能寻求司法救助，因此，受害方寻求真相，为此做出调查取证是合理合法的。但在行使知情权的过程中，不能随意扩大影响范围，更不能到处公开宣扬，取得的隐私仅限用于诉讼的目的，否则就会构成对对方隐私权的侵犯。比如查电话清单，查行动路线，把这些证据用在法庭上并不算侵犯隐私权，如果是把这些证据用于其他用途，就侵犯了隐私权。

最后，夫妻一方的隐私权必须遵守社会公德和家庭美德，当一方的隐私违反了这一原则，夫妻另一方有权知道事情真相。婚外恋行为虽然算不上是违法行为，甚至也算不上是道德败坏行为，但它毕竟有悖于社会的风俗习惯和性道德观念，也可能在一定程度上损害他人的利益，影响他人的正常生活，因此，作为配偶要求知情权是无可非议的。作为丈夫或妻子，不能只强调自己的隐私权，还要满足对方合理的知情权要求。

下面，我们通过一个死亡博客来讨论婚外恋中的隐私权。

"不说再见，向我的朋友们。向这个华丽又肮脏的世界。在夜深人静的时候，安静的，孤独的等待。"2007年12月29日深夜23:00，31岁的白领丽人姜岩从24楼纵身一跃，自杀身亡。非正常的死亡总会引来关注。这颗美丽的生命为什么要选择这条不归路？这些都记载在她最后2个月的博客里。

原来，姜岩与王菲是2002年通过网恋认识的，2006年2月两人登记结婚。2007年国庆节丈夫王菲随单位组织去意大利旅游。2006年10月21日，姜岩发现了王菲与他同事东方在意大利罗马的亲密合影。在姜岩的追问下，王菲承认和东方的婚外恋，并提出离婚。忍受不了丈夫的背叛带给自己的屈辱，姜岩选择了自杀。先是吞了300颗安眠药，被抢救过来后，又从24楼纵身一跃，自杀身亡。

她把自己的坎坷历程写在加密的博客里，自杀前，把密码告诉了好友，由好友公布了这些死亡博客。一经公布，马上在网络世界引起轩然大波。被多家网站刊登，引起了网友的公愤。愤怒的网友通过人肉搜索公布了王菲的个人信息。知道了王菲的住址和联系方式后，有网友不停地干预和骚扰王菲的生活，以发泄自己的义愤。王菲的平静的生活被打破了，于是以"侵犯自己名誉权和隐私权"为由起诉了几家网站。

（"侵犯隐私权与谴责婚外恋——谈死亡博客"，中国法院网，2008年5月31日）

该案被媒体冠为"人肉搜索第一案"或"网络暴力第一案",毫无疑问,对于妻子的自杀,王菲负有不可推卸的责任,但是否就能说是王菲逼死了妻子?王菲在其中犯有多大的过错?他人是否可以公开王菲的个人信息,是否有权利对王菲的行为予以传播、谴责和声讨?网站到底有没有侵犯王菲的隐私权?

这一系列问题,目前来看都无法说出很好的答案,很多方面在立法上都是空白,而"人肉搜索"更是一种近几年出现的新事物,法律甚至对其没有任何定义。按照我们一般的价值与道德衡量标准,王菲背弃家庭去搞婚外恋,导致妻子跳楼身亡,这种行为怎么谴责和抨击都不为过。

忠诚是婚姻的第一要素,虽然传统道德观和内心良知告诉我们必须对背叛作出惩罚,但我国现行的《婚姻法》却没有对背叛婚姻作出任何处罚性规定,除了明确财产和子女的归属之外,背叛婚姻无需付出什么代价,不会受到法律制裁。由于缺乏法律制裁,网民便以最直接的方式来宣泄他们的义愤,甚至在王菲的住处喷上"逼死良妻"等标语。网友这种正义的心情可以理解,但婚外情造成了配偶死亡只是偶然的结果,不是必然的结果,而侵犯隐私权毫无疑问是一种错误行为。

最终法院的判决结果是认定被告承担责任,从判决结果我们可以看到我国对隐私权的重视在逐步提高。王菲案的胜诉,54位高级法官的慎重抉择,这一判例具有里程碑式的意义,它顶住外部舆论的压力和干扰,是对公民权的一次主张和捍卫,包含了对自然人隐私权保护界限的法理阐释。但这种判决结果反映出来的很多问题还需要继续探讨,比如隐私权与道德的冲突如何解决,如何实现公民情感的理性宣泄等。

9

游走于道德与法律的边缘

婚外恋，一直处于法律与道德的灰色地带。一方面，有的婚外恋触犯法律，违背道德，被世人唾骂；另一方面，有的婚外恋又游离于法律之外，无关乎道德，受人尊重，可歌可泣。

婚外恋，让世人参不透，给我们留下丰富的谈资。我们不得不说，婚外恋是游走于法律与道德的边缘的。一方面，婚外恋无法准确界定是属于法律范畴还是道德范畴；另一方面，它还是要受到法律与道德的约束，对婚外恋的价值评判，依然摆脱不了法律和道德的法庭。

那么，对待婚外恋，我们应该利用道德的约束和谴责力量？还是利用法治去构建一种强制有力的惩处措施？

从严厉到宽容

在古代，针对通奸这方面的法制意识还是相当强的，关于通奸罪的说法，最早在《尚书》中就出现了，"男女不以义交者，其刑宫"。几乎历朝历代，政府都明确立法，对通奸（古称"和奸"）做出严厉的惩罚。

春秋战国时期，结合了各诸侯国的立法经验编纂的，古代历史上第一部比较系统的成文法典《法经》中规定到，"夫有一妻而妾，其刑月或，夫有二妻则诛；妻有外夫则宫，曰淫禁"，对通奸的刑罚是很重的。

秦律对一般的通奸男女，要耐为隶臣妾，即强制从事不同场所劳役。见张家山汉简《奏谳书》之二十一："奸者，耐为隶臣妾，捕奸者必案之校上。"刑法规定似乎并不严厉，但秦朝对和奸者可"人人得以诛之"，以后很多朝代也是如此，《史记·始皇本纪》记载："有子而嫁，倍死内外，禁止淫泆，男女浩诚，夫为寄豭，杀之无罪。"

西汉初年《二年律令·杂律》规定："诸与人妻和奸，及其所，与皆完为城旦春。其吏也，以强奸论之。"与别人妻子通奸，则罚男犯筑城女犯春米。

唐律规定："和奸者，男女各徒一年半，有夫者二年。"还规定，受害者有权捕捉奸夫淫妇送官，因对方拒捕而杀之，可免刑或减轻刑罚。唐朝开始，对"有夫"和"无夫"做了区分，在立法水平上有所提高。

元律规定："诸和奸者，杖七十七；有夫者，八十七。""诸妻妾与人奸，夫于奸所杀其奸夫及其妻妾，及为人妻杀其强奸之夫，并不坐。"

明刑律规定："凡和奸，杖八十，有夫杖九十，刁奸杖一百"，"奸幼女十二岁以下者，虽和，同强论。"此处的刁奸，就是通常所说的诱奸。

清刑律规定："凡妻妾与人奸通而于奸所亲获奸夫奸妇，登时杀死者勿论，若只杀死奸夫者，奸妇依律断罪，当官价卖，身价入官。"

民国时期，1911年3月颁布的《暂行新刑律》第二百八十九条规定："和奸有夫之姓者，处四年以下有期徒刑或拘役，其相奸者，亦同"，后来惩罚年限又进一步有所降低。此时期一改封建社会传统，首次暗示了未婚女子不存在通奸罪。

历朝律法，对通奸都施以了较为严厉的刑罚，但总体趋势是由重到轻的，这些措施的作用是值得肯定的，它稳定了婚姻关系，捍卫了传统道德观，有利于巩固统治，但它对人性的压抑和暴力处理手段，并不是人类文明进程中所称道的。

新中国成立后，宣布废除封建旧法统，制定了现代意义上的《婚姻法》，并几经调整完善，成为调节婚姻关系必不可少的一个法律，它的出发点就是八个字：结婚自由，离婚自由。从建国初到现在，《婚姻法》历经了几次修改：

1950年5月1日，政府公布实施了《中华人民共和国婚姻法》，它是新中国成立后颁布的第一部具有基本法性质的法律。它的第一章第1条规定："实行男女婚姻自由、一夫一妻、男女权利平等、保护妇女和子女合法利益的新民主主义的婚姻制度。"这意味着社会主义婚姻家庭制度的创建，为婚姻家庭关系构建了基本框架。

1980年9月10日，第五届全国人民代表大会第三次会通过了修改的《婚姻法》，并于1981年1月1日起开始实施的。它的第一章第2条规定："实行婚姻自由、一夫一妻、男女平等的婚姻制度。"此次修改满足了改革开放之初的婚姻家庭关系的需要。

2001年4月28日，第九届全国人民代表大会常委会第二十一次会议通过了《关于修改〈中华人民共和国婚姻法〉的决定》，这次修改是在1980年《婚姻法》的基础上进行的，修改增加了一章和14条，它的一章第2条没变，依然规定"实行婚姻自由、一夫一妻、男女平等的婚姻制度"，但第4条中增加了一个新规定："禁止重婚，禁止有配偶者与他人同居。"

我国当今《婚姻法》的基本原则共有五项：婚姻自由，一夫一妻，男女平等，保护妇女、儿童和老人合法权益，实行计划生育。为保障这些基本原则，该法又做了六项禁止性规定，其中包括禁止重婚和禁止有配偶者与他人同居。从而指明了社会主义制度下婚姻家庭应有的基本规律。该法对维护平等、和睦、文明的婚姻家庭关系，解决婚姻家庭纠纷，有重要的积极意义。

自新中国成立至今，《婚姻法》在对通奸和婚外恋的制裁上力度显的有些薄弱。解放初期我国是有通奸罪的，犯通奸罪的男女双方如果被告到法院，一般要判处5年以下有期徒刑，这在很大程度上遏制了婚外恋的发生。但1979年颁布的《刑法》取消了通奸罪，全国通奸事件频发，导致不少家庭破裂，甚至引发自杀和他杀等恶性案件，于是很多人主张恢复通奸罪。

于是，上世纪80年代就关于是否应该恢复通奸罪开展了激烈争论，赞成的观点与反对的观点针锋相对，各有各的道理。最终结果是反对者的意见占了上风，《刑法》并未恢复之前实施过的通奸罪。

进入90年代，针对《婚姻法》是否应把婚外恋算作违法也展开了大讨论。2001年，新《婚姻法》出台，并没有对"婚外恋"作出禁止性规定，"婚外恋"现象依然处于社会道德的规范之中。

法律的规范作用

我国是法治国家，法律在社会中占有举足轻重的地位，法律的规定和精神很大程度上影响着人们的日常行为，因此，婚外恋应该受到法律的规制和调整。

从某种意义上说，《婚姻法》类似一种道德化的法律，或法律化的道德。与其他法律规范不同，《婚姻法》并不侧重刚性的规定，而是突出夫妻双方应尽的义务，突出夫妻间的自律。通过《婚姻法》的规范，可以使人们的婚姻家庭生活变得安定有序、团结和谐。

法律干预婚姻家庭的具体措施有很多：譬如实行共同财产所有权，实现

家庭的财产共同拥有，避免离婚时对经济弱势一方的不公；规定了亲属扶养义务，为儿童、妇女和老人提供基本生活条件；建立了亲权和监护制度，以保护教养未成年子女；明确非婚生子女的认领，使最无助的群体得到贴切的关爱和扶助；承认配偶权，使得夫妻间的纠纷处理有了一个明确的评判标准，并可以通过限制过错方随意离婚，或离婚时使其承担较多的经济赔偿，以实现对婚姻家庭的保护和相对公平，等等。

《婚姻法》具有明显的弱者保护功能，立法的一个出发点就是保护弱者，在规则的制定上向弱者倾斜。根据《婚姻法》及相关司法解释的规定，"夫妻应当互相忠实、互相尊重"，"人民法院在审理离婚案件处理财产分割时，以照顾无过错方为原则。"当因婚外恋导致夫妻关系破裂时，在财产分割上，会略有倾斜，更多考虑到无过错方的生活、工作便利。

很多人认为目前《婚姻法》对婚外恋的规定和惩罚过于宽松，达不到立法精神所追求的效果，当然，这么做也有理由，毕竟，法律的手不能伸的过长，我国法律要求"夫妻应当互相忠实"，毫无疑问，在价值层面上它是对婚外恋持鲜明否定态度的。随着目前离婚率的提高和婚外恋等现象的增多，将来有望继续加强这方面的建设，比如根据过错程度调整财产分割比例，提高

男人说"先从朋友做起"绝对是进可攻退可守，很多女人都为了这句话浪费了青春。

子女抚育费，甚至增加配偶扶养费等，弥补离婚造成的一系列后续问题，使因离婚陷于困境的弱者能继续开始正常的生活。

当然，所有法律大致都有一个特点，就是仅仅满足最低的标准，只负责守住基本底线。《婚姻法》也一样，它不负责爱情在婚姻中是否能长久延续，不保证婚姻生活是否会幸福甜蜜，它能做的主要就是为夫妻双方建立一种约束机制，在这个机制的约束下，双方的利益都能得到平等但最低限度的保障，这就是《婚姻法》法的基本规范作用。

法律的局限

法律虽然能对婚姻关系起到一定程度的规范作用，但若不顾婚外恋的道德属性，强行将之纳入到法律调整的范畴，将会产生许多难以解决的问题。俗话说，"清官难断家务事"，法律在处理婚外恋问题上有很大的局限性。

首先，婚外恋的内涵和外延难以界定。现实中的种种现象都涉及到婚外恋，网恋、一夜情、情妇、情夫、同居、包"二奶"、重婚等，甚至所谓的红颜知己、蓝颜知己，哪些该列入，哪些不该列入，应该以什么作为判断的依据，这种依据是否科学？而且，婚外恋中有的是情，有的是性，有的两者兼具，即使是同一种情形，也有程度上的差异，这些分寸如何拿捏？此外，还有主动型婚外恋，有被动型婚外恋，这些又该如何区分对待？以上都是值得商榷的问题。而一个法律概念首先必须具有明确的内涵和外延，必须有清晰的界限，这样才具有较强的可操作性。

其次，如何证明对方有婚外恋事实也是一个难题。前面我们讲到了婚外恋中隐私权和知情权的对立问题，配偶中的受害方要想证明婚外恋对方有婚外恋事实，就必须拿出确凿的证据来证明对方有婚外恋，这样才能获得法律的支持，实现维护自身权益的目的。但究竟哪种证据有效，取证过程中侵犯到对方的自由和隐私该如何处理，都没有很好的解决办法。

再次，婚外恋中过错方对受害方的赔偿数额难以确定。婚姻是以双方感情为基础的，它不是一个人的事情，出现了问题，很难说清谁对谁错，更难判明双方的过错程度，因此也就难以确定具体的赔偿数额。况且，感情上的伤害本身也难以用金钱来衡量，即使获取了足够的赔偿，也难以弥补心灵上的创伤。

最后，即使法律解决了其中所有问题，实现了对婚外恋的调整和约束，

给予过错方严厉的惩罚，这导致的直接后果就是出于对经济损失或牢狱之灾的顾虑，该离的不离了，与其追求婚外恋情，不如继续名存实亡的婚姻。这的确可以预防婚外恋的发生，但人们的离婚自由被限定了，人们追求幸福的权利被抹杀了，这样的意义又何在呢？

现阶段社会，人们的婚姻观和道德观发生了很大变化，很多问题亟待规范，而我们现行的《婚姻法》对这些新问题的规范或不全面，或力度不够。我们就拿《婚姻法》中新增的一项义务即"夫妻有相互忠诚的义务"来说，尽管规定了这项义务，但法律对违背夫妻忠诚义务的制约却是苍白无力的。

我国新《婚姻法》第四十六条规定："有下列情形之一，导致离婚的，无过错方有权请求损害赔偿：（一）重婚的；（二）有配偶者与他人同居的；（三）实施家庭暴力的；（四）虐待、遗弃家庭成员的。"

该条款确定了离婚损害赔偿制度，但它有明显的弊端，就是损害赔偿限定的范围过小。就婚外恋而言，只针对"重婚"和"有配偶者与他人同居"这两种行为。人民法院对"有配偶者与他人同居"的司法解释是指"有配偶者与婚外异性，不以夫妻名义，持续、稳定地共同居住"，所以，只有当婚外双方同居达到持续、稳定的程度，无过错方才有权请求得到损害赔偿，这与我国的道德观念明显不符。

只要没达到重婚或者婚外长期同居，法院就不会判赔偿，当事人就不会有任何损失。普通的精神或肉体出轨，包括"一夜情"等，根本就不在法律规范之列。即使获得了赔偿，数额也很少，耗费精力和成本收集证据，得不偿失，充其量只能给自己争一口气。

2005年8月，北京某法院在对一起婚外生子导致离婚的案件进行一审时，并没有认定丈夫有"与他人同居"的行为，没有判给女方赔偿。因为在一审法官看来，婚外生子不一定就意味着重婚或者同居，"一夜情"也可能让女方怀孕。女方不服，二审判决支持了女方的赔偿要求，但数额也仅有3500元。

在婚外恋方面，法律的震慑作用过小，出轨者付出的代价也微不足道。但即使这微不足道的赔偿，想得到也不是那么容易。

法律对于婚外恋受害方采取赔偿为主，受伤害方有权利提出合理的补偿条件，且不论补偿额度多少，起码这算是对受害方的支持和对过错方的惩罚，但很多情况下，这点期待也是一种"奢望"。法律讲的证据，在没有证据的情况下，受害方只有默默地忍受着这一切。

取证不是一件简单的事。俗话说：捉奸在床，可是由于地点和时间不固定，想捉到很难。当然也可以蹲点拍摄或找私人侦探，但姑且不论是否合法，即使这么折腾成功了，结果最多也就是得到一点赔偿罢了，自己却被折磨地筋疲力尽。对明显的婚外恋尚且如此，对于那种还没有达到性交流程度的婚外恋，法律则更是无能为力了。

法律方法谈

我国法律对因婚外恋而引发的刑事犯罪，譬如重婚、遗弃、暴力干涉婚姻自由、伤害、凶杀等严重危害社会治安的行为，进行了严厉惩治，这方面在《婚姻法》、《刑法》等法规中均有体现。但我们不能因此就推而广之，认为所有的婚外恋都应受到惩治，对婚外恋行为本身而言，法律并没有做出相关规定。

"婚外恋成头号婚姻杀手"是2008年1月18日《中国新闻周刊》根据调查问卷而得出的结论。婚外恋变得越来越常见，男女关系的混乱给婚姻家庭带来了前所未有的危害，导致离婚率越来越高。这种趋势该如何避免呢？

从法律和经济的角度来角度，我国离婚率高的一个重要原因，就是离婚成本太低。

英国《金融时报》中文网提到，"中国离婚率的飙升，当然有其社会变革的因素，但归根结底还是成本太低，从前维持婚姻的各种因素一一失效。"

波斯纳的《公共知识分子衰落之研究》中也写到，"离婚越是困难，人们在寻找合适伴侣时便越会小心谨慎，他们也越会竭力促使婚姻成功。"

关于增加离婚成本，很多西方发达国家实行了"离婚扶养制度"。离婚后经济条件好的一方要向对方支付一定的扶养费，这笔费用必须使对方和孩子维持不低于婚姻时的生活水平。扶养费的支付年限一般根据结婚年限来认定，如美国加州宪法规定，如果结婚10年以上的夫妻离婚的话，经济条件好的一方要对经济条件不好的一方履行终身抚养义务。此外，还将过错作为确定扶

养费数额的因素，若一方因婚外恋等原因导致离婚，则得不到抚养。

而在中国，离婚成本很低，法律虽然规定离婚后需负担子女抚养费，但并无配偶抚养费之说。子女是自己的血脉，血浓于水，抚养也是理所应当的，根本算不上什么惩戒手段。而且，抚养费的负担标准由双方的经济能力来确定，跟过错基本没有关系。

当然，增加离婚的难度是一把双刃剑，它既可以保护女方，又有可能束缚女方。而且，离婚并不完全对社会和夫妻双方有害，法律需要做的不是给离婚设置障碍，而是通过一些方法，使能不离的尽量不离，并且要解决好离婚所带来的社会问题。

法律不是万能的，它只是通过强制手段来维护人们行为的底线。虽然法律在遏制婚外恋中也起到一定的作用，但所谓"法不责众"，法律在约束婚外恋中存在着诸多不足和难以涉足之处，这就需要引入道德来加以约束了。

婚外恋是一个道德命题

道德，是一种行为准则，意在调节社会人与人之间的关系。在西方古代文化中，"道德"一词起源于拉丁语的"Mores"，意为风俗和习惯。在中国，可追溯到老子所著的《道德经》。老子曰："道生之，德畜之，物形之，势成之。是以万物莫不尊道而贵德。道之尊，德之贵，夫莫之命而常自然。"

"道"与"德"最初是分开的，其中"道"指自然运行与人世共通的真理；而"德"是指人世的德性、品行、王道。后来荀子《劝学》篇："故学至乎礼而止矣，夫是之谓道德之极"，"道德"二字开始连用。

从东西方道德的内核来看，西方道德是建立在基督教义基础上的，而我国尊崇的是孔孟之道。不论是西方基督教义还是中国孔孟之道，在历史上都对人与人之间的关系起着重要的调节作用，保障了社会的正常有序运转。

基督教义是西方古代道德传统，它根植于基督教信仰，以《圣经》为基础，强调神人之爱与人人之爱。它不是外在的律法的命令，而是内心做善事的一种渴望。可见，基督教义在西方社会中亦发挥着道德的作用。基督教义强调真诚和信赖，反对欺骗、诱惑和诡诈。它保护人类的贞洁和理想，主张一夫一妻制的家庭婚姻伦理道德，反对色情和婚外恋等不道德行为，促进家庭和睦。

孔孟之道是我国古代传统文化，中国素有礼仪之邦之称，道德的历史源远流长。据史料记载，《论语》提及道与德字眼近百次。春秋战国时期，道德二字连用，管子与荀子皆有论述。当然，初期的道德定义，与现代仍有出入，"道"是一种行为准则，而"德"是践行"道"之后的感想。随着社会的发展，道德一直与伦理合并使用。并在社会文明的发展中发挥着作用。

中国的社会道德，以儒家思想为主流，看重"仁"，强调以仁爱为中心；强调"孝"，仁之根本为孝，尽己为忠，及人为恕。

东西方两大道德体系对婚外恋的态度接近一致，作为传统道德，孔孟之道把家庭看作人类存在发展的基础，强调一夫一妻制的家庭婚姻道德，反对婚外恋和色情等不道德行为；基督教义最初亦倡导纯洁的贞洁，主张男女平

婚外恋是为感情还是为利益，是很难回答的问题。

等，实行一夫一妻制，反对把人当作色情的工具，破坏家庭和睦。从这一点上，传统的道德都是反对婚外恋的。

总而言之，西方基督教义与中国孔孟之道在传统社会都发挥着社会道德规范的作用，并将一直发挥下去。尽管国情不同，但道德还是有很多相似之处，东西方可以互相借鉴，使道德发挥更好的作用。

爱与性，是双方自愿的事，它更多涉及道德，不应该成为法律制裁的对象，法律不要越俎代庖去管道德范畴的事。毕竟，遭受"千夫指"，受人非议和鄙视，配偶提出离婚等，都是对婚外恋的惩罚。婚外恋虽然不合乎传统道德，但婚姻不过是一张纸，领一张结婚证便是夫妻，这张纸的功能不是"万能"的，如果法律在约束婚姻行为方面限制的过多过死，法律也就变成了一种桎梏。通过强制的方式把两个没有感情的男女拘禁在围城里，实际上是对人性的压抑，是有违立法精神的，这种维持不幸福婚姻的手段，本身也是不道德的。

既然法律很多情况下法律对婚外恋无能为力，那么对它的认识和调节，就要从道德角度来考虑了。

道德的相对性

婚外恋给自己的家人和其他家庭带来了伤害，遭到世人的白眼，但依然有不少人义无反顾得越过雷池，去追求那种"如履薄冰"的爱。是不是所有的外遇都卑鄙下流？是不是所有的婚外恋都道德败坏？

（一）婚外恋道德观的多元化

时代在改变，观念也在变化。时至今日，尤其改革开放以来，人们的道德观愈加呈现多元化倾向，中国对婚外恋的看法已有了很大改观。婚外恋，有人认为是对婚姻的不忠，也有人认为是个性的解放，自由的进步。

从传统观念上讲，婚外恋是不道德的，对婚外恋持有的主流观念都是批判。婚姻不仅对人类的繁衍有着重要意义，而且促使人们展开内心的深层交流，使感情得以慰藉，使性爱得以固定。而婚外恋破坏了他人的婚姻家庭关系，损害了他人的利益，造成对他人人格价值上的极度不尊重，破坏了严肃的感情，动摇了婚姻家庭的稳定，甚至还会传播性病和艾滋病。因此，不论在传统保守的中国，还是在标榜"性自由"的西方，婚外恋都遭到大多数人

的否定。从这个层面上讲，它是不道德的。

从另外一个角度讲，婚外恋无所谓不道德。我们知道，婚外恋之所以不道德，主要源于其破坏了婚姻关系的忠诚。但这是建立在婚姻和谐假设的基础上的，倘若原本的婚姻就不和谐，那么忠诚如何谈起？有句话说得好：完整的婚姻，"第三者"是插不进去的。对一个没有感情和爱的婚姻持有忠诚就是道德的？对于没有爱情的婚姻，若仅仅为了维持婚姻的外表，婚姻就真成坟墓了，身心都会受到摧残，这样的婚姻本身也是有违人性、有悖道德的。

在此我们可以进一步分析，何谓"第三者"？"第三者"一定就是婚姻之外的人吗？譬如历史上那些因父母之命被迫拆散的鸳鸯情侣，原本深爱的人和眼前所娶（嫁）的人，究竟谁是真正的第三者？

在美国电影《致命的情敌》里，男主人公吉姆深爱着妻子克丽丝，面对一个匿名女人的诱惑，对妻子表现出最大的忠诚与坦率。妻子的精心策划，让人看起来不可思议，或许她让自己陷入这样一个尴尬的境地：面对婚姻，"小三"是第三者；但面对感情，自己却成了第三者。因此，她最后选择了自杀。

现实中有很多婚姻与爱情冲突的情况，无爱的婚姻和婚外刻骨铭心的爱，哪个更道德？一方是只能给自己带来痛苦和折磨的配偶，一方是真心相爱令自己人生愉悦的情人，谁是真正的第三者？

忠诚是婚姻道德中的核心，但忠诚不是道德的说教，它是人自然本性的流露，是高尚爱情的体现。而且，忠诚是有条件下的忠诚，譬如，如果配偶一方无性能力或脾气暴躁，仍要求对方忠贞不贰，这就是对人性的践踏了，也违背了公平的道德理念。这种条件下，婚外恋显得必然而合情合理，而道德观在面对这种情况时显得非常矮小，不堪一击。事实上，婚外恋未必是造成婚姻破裂的罪魁祸首。

中国人民大学法学院杨大文教授在1998年9月12日在北京举行的"爱的权利与婚姻的义务"研讨会上就明确指出，中国的离婚主要是因为婚姻质量不高造成的，而道德败坏、报纸上渲染的第三者插足不是主要原因。

广东省妇联在1999年对广东省的重婚、纳妾、姘居、婚外恋现象的调查表明，婚外恋并未导致大量家庭解体，大多数婚外恋与婚姻都是"和平共处"的。

（摘自："常鹏翱，法律能管住婚外恋吗？"中国大学生在线法律援助网，

前面我们提到过一些文学作品中的婚外恋，同样是婚外恋，《水浒传》中的西门庆和潘金莲落得千古骂名，而《泰坦尼克号》中的杰克和露丝却被赋予勇敢和至死不渝的称号。虽然看起来一个淫荡苟合，一个纯情浪漫，但二者的本质是一样的，都属于婚外恋，得到的评价却大相径庭。

这说明婚外恋本身无关乎道德，若言道德，也只是体现在婚外恋的形式上。可见，道德在婚外恋问题上的评判主要体现在婚外恋形式上的批判，是对淫荡苟合的不屑，是对纯情贞洁的赞美，并不是对婚姻情本身的判断。因此，我们应该把道德放在婚姻生活的合适的位置，不能以是否选择婚外恋作为道德评价标准，婚外恋究竟是否道德，还是要具体问题具体分析，不能一概而论。

（二）道德观随着时空变化而变化

人类的道德观和道德评价标准不是一成不变的，古代的道德和现代的道德有不同之处，西方的道德与中国的道德也有较大差异。

首先，让我们看看古今中国"性"道德观的发展和变化。

在中国，性近乎一个禁忌，是一种只能做而不能说的避讳，且一直被丑化被压抑。很多人都有"性即是脏的"这一观念，这点从与之相关的词汇和表达上就可以看出来，书面上都是以"见不得光"的阴性词来定义性器官，如下体、阴茎、阴道等，民间的口头俗称亦不文雅。此外，还有不少脏话也是与性有关。

其实，中国人对性的忌讳只是从宋代开始的。宋朝大儒朱熹主张"存天理，灭人欲"，被统治阶层采用，在全国推广男女禁欲，性开始渐渐成为一种禁忌，同时，性也被丑化，并认为是污秽、不道德的。到了明清，对人性的压抑和性的禁忌达到了顶峰。在之前的很多朝代里，对性并不回避，譬如唐朝的性开放程度就是很高的，上至达官贵人，下至黎民百姓，都可以轻松谈性。

在20世纪初发现的中国敦煌石窟是一个世界文化宝库，其中的大量壁画、雕塑、遗书和其他资料反映出中国唐朝至五代这一历史时期的许多文化现象，其中性文化的内容也十分丰富。

古人的性观念丰富而全面，敦煌石窟里有些的壁画和雕塑都反映出了古人的性观念。元四百五十六窟有许多欢喜佛的壁画，"明王"、"明妃"作交合状，胯下还有小鬼以盘接他们流下来的阴水。这表明古人并不认为男女之交合为猥亵之事，而是神圣之举。还有一人猴儿的雕塑，一手举桃，一手抚摸生殖器，面露喜悦之色。这表明"食、色"是一切动物的本能需要。

在敦煌石窟中发现的唐人白行简所著的《天地阴阳交欢大乐赋》，上面清楚地表明了唐人对夫妻之间的性爱十分重视，认为性爱是夫妻之间感情的重要基础，夫妻的性爱快乐是人生的一种根本的快乐，在新婚之夜的夫妻双方应亲密配合地进行性交。这本书中还具体生动地描绘了夫妻性交的全部过程。

（摘自："古代性文化：敦煌壁画的文化与古人性开放"，星岛环球网，2006年12月29日）

中国近现代以来一直到今天，对"性"的认识主要向宽松方向发展，但毕竟受封建思想的影响很深，思想被禁锢得太久，还是没有几个人敢在公众场合说太多的"性"字，不过至少大多数成年人不再"谈性色变"了。

对于西方性道德观，相比中国大体来说显得宽松了许多，但不同时期和不同国家也是不一样的。西方神话中的人物大多以裸体的形式展现，性在这里没有受到类似中国的丑化和压抑。我们通过两个例子，来看看西方的"性"道德观在不同时期和国家的区别。

古罗马帝国的道德是维护奴隶主贵族利益、欺骗和镇压奴隶的精神工具。罗马认为人类天生就被神分为统治者和被统治者。奴隶必须服从上帝的旨意，心甘情愿的服从主人的命令。奴隶主认为奴隶只不过是一种有生命的财产、会说话的工具而已。奴隶伤害主人是一种罪大恶极的行为，必须受到严厉惩罚。而主人随意杀死自己的奴隶是合乎道德的，这只是行使他对自己财产的所有权而已。

在罗马人眼中，女人只不过是一种家庭奴隶，是替丈夫做家务和生育子女的工具。她们的身体是被自己丈夫所拥有的财产。通奸被看作是可耻的罪行，是对自己主人的背叛。罗马法规定，妻子必须顺从丈夫，严禁和自己丈夫以外的任何人发生性关系。妻子如果被发现通奸会被处死，而丈夫和妻子以外的女奴隶发生性关系则不受任何惩罚。

（摘自："罗马帝国的道德"，中国调查网，2009年12月15日）

单就性观念来说，俄罗斯人是比较开放的。当然，也要看当时处于何种环境，比如将婚外恋和政治联系在一起的时候，其面孔立刻就变得异常严肃。从苏联到俄罗斯，俄罗斯人的性道德取向发生了很大变化。

苏联政府几乎禁止公开谈论性，在这种政治环境的影响下，人们对于婚外恋格外谨慎，"打死我，我也不说"可以说是当时社会的普遍心态。

苏联政权的解体对俄罗斯人的影响并非只有政治层面的意义，抛开政治因素的人们在婚姻和性的选择上取得了广泛的自由，这种自由，在苏联时期是无法想象的，尽管它更接近人的本性。在现代俄罗斯人看来，拥有情人是一件值得夸耀的事，情人越多越表示越有魅力。他们观点是：享受爱情、享受生活。

比如，一对陌生男女在地铁相遇，如果男人觉得女人不错，便会发出邀请，女人一般会欣然应允，然后晚上在某个宾馆见。在那些没有移动电话的年代里，这些男男女女们要是忘了问对方联系方式，第二天会在地铁里贴上留言甚至是地址，他的情人如果看见，便会去找他。

（摘自："苏联没有婚外恋"，星岛环球网，2007年7月6日）

道德方法论

既然道德是相对的，道德标准也是难以统一的，那么，在对待婚外恋问题，到底需不需要应用道德手段？

答案是肯定的。在中国，自古以来道德就在社会秩序的构建和维护中起着重要作用，最初它以家庭和村落为核心，创建了一个成员之间各种利益和价值环环相扣的关系链，后来逐步扩展成一张巨大的关系网，通过这一关系网，不断筛选去除不符合社会秩序的思想和行为，达到了稳固社会秩序的目的。因此，道德自一出现就凸显出强大的社会控制力。

因此，产生于人类关系基础上的道德，其力量无时无刻不存在，并且永不会丧失其调节功能。道德的力量具有广泛性和持久性，甚至可以超越时间限制形成一种社会惯性。它在无形中通过对个体行为进行约束，取得整个社会的平衡。具有道德取向和道德判断，且具有自控的能力的人，是社会保持良好的秩序的基本单元。当然，道德的功能是抽象的，它所涉及的都是一些原则性的理论，力图使当事人觉悟，并不提供具体可行的措施保障。

婚外恋是一种相对隐蔽的行为，虽然随着网络的发达，现在越来越多的婚外恋暴露在阳光下，但大部分的婚外恋仍是十分隐秘的，不管我们想对当事人谴责还是体谅，一切都无从谈起。况且，家庭与婚姻本就是生活私域，只要不危害社会利益，他人也无权干涉，这注定了利用道德手段无济于事。

道德与社会生活环境也是息息相关的，道德标准受到各种新条件的约束变得多元化，不再形成一种众矢之的的威慑力。譬如包"二奶"现象，并不是所有人都会从道德上去谴责第三者，反而不少人会认为是妻子对婚姻经营不善，甚至同情第三者付出的代价等。

道德手段也有可行的一面，那就是低廉的成本和内心的感化。可以凭社会道德的氛围来约束，施压于人的内心思想，使人从根本上改变，毕竟，只有思想上的根本改变才是解决问题的真正途径。这样的好处是，不会产生法律硬性强制下的勉强屈从。

许多基础层次的道德，自文明社会起，无论时间空间，并没有发生本质上的变化，这其中包括良心和责任。在婚外恋问题上，不管我们站在什么角度上进行争论，良心和责任，都是必须面对的问题，少了良心与责任，定会陷于不道德的境地。

感情里没有谁对谁错，可婚姻里却有责任。现代一夫一妻制的社会中婚姻里挤不下第三个人，为自己负责，为他人负责，才能坦然面对自己，面对社会。对婚姻负责，首先要认真对待婚姻，需知结婚是一件严肃的事情，不能朝三暮四，整天想天鹅肉吃。

当然，对婚姻负责，并不是说只要结婚就必须白头偕老，不适合的婚姻，或者说不美满的婚姻，早结束可能才是负责任的表现。所以，是否负责任，要具体情况具体分析，对于美满的婚姻，要负责到底，白头偕老；对于不美满的婚姻，出现了婚外恋情，我们也没必要去反对去抨击，双方要尽量通过合法的途径解除婚姻关系，消除一个名存实亡的婚姻，然后再去寻求真爱的归宿。

结语

处理社会问题的基本方法，就是选择一种相对理想的"制度"，以较小的成本去获得较大的收益，道德与法律就是这样一种"制度"。我们可以考察这两种制度在处理特定事物上的不同社会效果，将两者结合并赋予合适的权重，

通过这种糅合出来的"制度"，来协调和解决社会中的矛盾。

就道德和法律而言，道德的层次高于法律，因为法律重在防范和惩处人性之恶，而道德则主张弘扬人性之善。毕竟，"法律是最低的道德，道德是最高的法律"。道德与法律二者皆有长短，都不可或缺，而婚外恋正处于二者之间的灰色地带，必须同时运用道德法律两种手段，才能有效调节婚外恋，发挥其美好的一面，限制其消极的一面。

10

选择就是一种放弃

　　有句话叫做：鱼与熊掌不可兼得。婚姻与婚外恋，谁是熊掌，谁是鱼，看自己怎么选了。还有一句话：甘蔗没有两头甜。是从头吃到尾，苦尽甘来，还是从尾吃到头，甘尽苦来，也要看自己怎么选择了。

　　婚外恋，就是这样一根甘蔗。开始真的很甜，挑逗的语言，身体的碰撞，都是前所未有的。好了，到此为止，接下来要开始苦了，这个时候，如果戛然而止，那么这次婚外恋就是完美的。它填补了我们幸福生活的空白，增添了许多刺激的体验。毕竟人生在世，很多时候生活很沉闷，循规蹈矩固然安全，但却乏味无趣，若没有些小刺激，生活会变得了无生气；此外，它甚至能巩固夫妻关系，因为通过与情人的比较，往往可以发现正室的诸多优点。但是，婚外恋这支甘蔗，如果不懂放弃，甜的部分吃完了，剩下的可能就会越来越苦了。

放弃之于选择

　　爱默生曾说："人生最大的智慧就是懂得放弃。"我们每个人都有难以割舍的东西，放弃了，也许是一种胜利。放弃一个机会，是为了抓住另一个更好更难得的机会。比尔·盖茨上大学时中途辍学，就被公认为是一个明智的选择。对于他来说，放弃白银，是为了换回黄金和钻石，这是一种艺术。

　　老子说："五色令人目盲；五音令人耳聋；五味令人口爽；驰骋畋猎令人心发狂；难得之货令人行妨。"人生是需要做出取舍的，大千世界五光十色，面对诱惑，有时舍得放弃，也不失为一种智慧。很多时候，选择本身就是一种放弃，或者说首先要面临放弃。舍不下，就得不到，放得下才能得到，因为有得必有失，有舍才有得，及时主动地放弃，可能得到的会更多。这是

生活的哲理，更是生活的现实。

放弃说起来容易做起来难，难在要对二者进行反复的比较与权衡。很多时候，放弃是无奈的，因为鱼和熊掌不可兼得，不得不放弃。实际上，放弃与选择是矛盾统一的，放弃的同时，也是在做出选择。选择是在放弃其他的可能性之后做出的决定，它不是一件简单的事。人生面临的选择多样而又频繁，小到吃喝拉撒，大到事业婚嫁。

也许正是因为生活中可供我们选择的余地太多，于是我们都希望做出一个最佳的选择，生怕留下什么遗憾，这使得我们在面对这一难题时变得犹豫不决。此时就进入了一个误区：我们都希望无论是放弃还是选择，带来的结果都应该是最完美的，都应该是没有遗憾的。但现实往往是，我们真的难以知道我们做出放弃或选择的决定是不是恰当。

一个被劈去了一小片的圆，想要找回一个完整的自己，便到处去寻找自己的碎片。因为它是不完整的，有缺口，所以滚动得非常慢，但是这个有缺口的圆却利用这段时间领略了沿途美丽的鲜花，并和虫子们聊天，充分感受阳光的温暖。在这过程中，它找到许多不同的碎片，但都不是原来的那一块，于是它坚持寻找——直到有一天，它实现了自己的梦想。然而，就在自己成了一个完整的圆以后，它才发现自己滚动得太快了。错过了花开的时节，忽略了虫子的身影，甚至忘记了春光和煦。当它意识到这一切的时候，毅然舍弃了好不容易才找到的碎片，过起了那不完整的日子。

这个小寓言向我们讲述了一个勇于放弃带来的美。圆之所以放弃千辛万苦找回来的碎片，是因为它发现一样东西太完美了未必就是最适合自己的。在这寓言中，放弃，就是一种选择。

也许人生的过程就是一个不断放弃，又不断得到的过程。很多时候放弃是一种智慧，放弃一棵树，你可能会得到整个森林；放弃一滴水，你也许就拥有整个大海；放弃一片洼地，你就有机会占领一座高山。越来越多的人开始明白这一道理，在人生中，面对"食之无味而弃之可惜"的鸡肋，果断舍弃，虽然有时候内心也会犹豫不决。毕竟，人就是因为不懂得舍弃才会有许多痛苦。

至于选择，跟放弃也是相对应的。选择同样意味着放弃，我们选择了其中一个的时候，也就是在放弃其他几个。正所谓鱼与熊掌不能兼得，为了得

到更好的，就必须放弃次好的。舍弃，可以为自己的选择释放出了新的空间，生活会因此变得豁然开朗，人生会展现出另外一个截然不同的世界。《卧虎藏龙》里有一句很经典的话："当你紧握双手，里面什么也没有，当你打开双手，世界就在你手中。"当两者不能兼得的时候，继续为了保全而不做舍弃，这不是智者的行为。

婚姻中，充满责任和欲望，责任主要是针对于妻子和家庭而言，欲望主要针对于情人而言，对于这两者，我们又该做出怎样的选择呢？如何在选择与舍弃中实现平衡？

对婚姻：放弃是一种解脱

我们都希望婚姻是甜蜜长久的，但婚姻的长久不是因为某种缘分，缘分只能是一段感情产生的开始和种子，而感情能否长久，则取决于双方婚后的经营，至于经营的好坏，则要看双方的情商高低了。

婚姻的恒久并不是因为遇到了某个特定的人和感情，这世上没有持久的爱，也没有持久的恨，很多最终挫败的婚姻，都曾经有过最甜蜜的阶段，也经历过数十年的生活，他们过去都认为自己所选择的人和感情是最好的，能够使自己一生幸福，可是最后依然出现了问题。婚姻走到了尽头，两个人或者感情破裂，或者一方决意出轨。此刻，若真的无法挽回，与其痛苦地坚持，不如选择放弃，各自寻找属于自己的幸福。

英国作家劳伦斯有一部著名的长篇小说叫《查泰莱夫人的情人》，被誉为西方十大情爱经典小说之一，其大致情节如下：

第一次世界大战结束，查泰莱爵士带着残疾的身体回到庄园，终年只能坐在轮椅上。他的新婚妻子年轻貌美的康妮是一个心地善良的女子，她明知等待着自己的将是漫长孤寂的日子，却仍然接受了命运的安排，甘愿留在丈夫身边。但查泰莱是个虚伪自私的人，在他的心目中，康妮只不过是一件美丽的附庸和传宗接代的工具。后来康妮遇到了强壮的护林人梅勒斯，为他的身体和自然淳朴的生活方式所吸引，两个人渐渐地走到了一起，成了一对灵欲合一的情人。这种事情让查泰莱爵士非常愤怒，也引起了一场轩然大波。

查泰莱爵士代表了当时的正统价值观和道德观，康妮嫁给他，换来的是财产和社会地位的提升，但与此同时也付出了相当高昂的代价。她必须扮演

一个贤妻的角色，以英国资产阶级的道德标准来要求自己，规范自己的一言一行。然而，康妮很快厌倦了乏味虚伪的婚姻生活，内心开始了煎熬。对她而言，丈夫只是有名无实的摆设。虽然他对她关怀备至，但那也只是为了他自己的面子和家族的名声，为了维持一个表面幸福的家庭，免得给人笑话。他们之间缺乏精神上的沟通，没有真正的爱情，康妮又因为查泰莱下身瘫痪而不能享受正常的肉体欢愉。

与护林人梅勒斯的相遇，重新点燃了她的梦想和激情。他生活在大自然之中，身体强壮，颇具男性美。与工业社会的代表、生命已经被现代理性窒息了的查泰莱相比，梅勒斯无疑象征着激情、自由和生命的活力。梅勒斯和他代表的一切对康妮都充满了诱惑，唤醒了她心中积聚已久的激情和对自由的渴望。于是在相遇、相识和互诉衷肠之后，他们在大自然的怀抱中结合了，尽情品尝激情世界的快乐。两人的契合由肉欲之爱升华到心灵的交融，康妮反叛了她所从属的那个阶级。在了解到丈夫想让她借"夫"生子、彻底拴住她的企图之后，康妮毅然决定离开丈夫，和梅勒斯生活在一起。

最后，康妮最终离开了上流社会富裕体面的生活，抛弃了令人羡慕的社

嫁人嫁人，就是嫁给一家人。不要以为你的他跟他的家人有什么不同，擦亮眼睛看他的家人，你能看到他不给你看的另一面。

会地位，放弃了雍容奢华但却死气沉沉的贵妇生活，奔向了梅勒斯，奔向了自由与爱情，两个来自不同阶层的人终于冲破世俗的障碍，获得新生。

（改编自：王庆勇，"三部电影中女性婚外恋的背后"，《电影评价》，2008年第13期）

小说通过描述这段爱情故事，对社会各个层面的问题进行了严肃的思考。它不仅仅是一个简单的偷情故事，更是一代人内心的困苦与挣扎，以及对性爱本质的探索与追求。查泰莱夫妇的结合是一种不和谐的畸形婚姻，查泰莱虚伪、冷漠，不能满足康妮的正常情欲，而勇敢、热情的梅勒斯却唤醒了她身上的女性本能，因此对康妮来说，放弃查泰莱是一种解脱，选择梅勒斯是一种救赎。最后，康妮勇敢地放弃了已经死去的婚姻，选择了与梅勒斯私奔，共赴美国去寻找他们的新生活。

恩格斯指出："如果感情确已消失或者已经被新的热烈的爱情所排挤，那就会使离婚无论对于双方或对于社会都会成为幸事。"有句说得好，上帝在关上一扇门时，也会为你打开一扇窗。放弃一段不幸福的婚姻，既是一种解脱，也为追求新的生活铺平了道路。

对恋人：选择放弃不等于放弃爱你

有时候，面对两难的选择，两颗相爱的心，苦苦地挣扎着寻找出口。因为太爱，难以离去，望着彼此认真的眼神，心里的不舍在蔓延，这一刻怎样才能永驻？

感情只有在经历之后才能懂得，爱过痛过，才会知道何时该坚持，何时该放弃，才会在得到与失去中慢慢认识自己。当出于家庭责任等种种原因，无法与情人相守，迫使自己斩断心中那缕情思，放弃珍爱，重新回到婚姻的围城，对情人来说，不是负心，也不是玩弄感情。因为，选择放弃，不等于放弃爱你。

喜欢一样东西，不一定意味着必须要得到它。有时我们为了得到某样喜欢的东西，不顾一切地去追求，或许最终我们能得到它，但代价也是巨大的，甚至得不偿失。

进一步讲，有些东西是只可远观而不可近看的，常言道，"得不到的东西永远是最好的"，当我们没有得到它的时候，觉得它完美无瑕，哪里都好，

但一旦拥有之后，往往会发现其实并不是想象中的那么好。所以，即使是最好的东西，得到了也会变得不再那么完美。倘若为此放弃的东西比这个更珍贵时，我们会更加后悔当初的选择了。当我们得不到或经过权衡不得不做出放弃时，就不需要过于执著或犹豫，因为没有什么真的不能割舍，学会放弃，生活就会变得更加从容。

面对情人，学会放弃，在必要的时刻华丽地转身离去，将昨天的美好埋在心底，留下快乐甜蜜的回忆，让彼此都能有个更轻松的开始，这样或许对谁都好。这次相遇已胜却人间无数，轻轻地挥一挥手，说声再见，并感谢这一路曾经有你相伴。昨日曾经说过爱你，今日和以后依然爱你，只是爱你却不能与你在一起，一如爱那田野里的蒲公英，爱它，却不能携它归去。

有人说，"选择放弃不等于放弃爱你"在大多数情况下是一种谎言。虽然这句话常被用作借口与谎言，但不可否认有很多践行者，确实是为了责任而不得已做出的选择。

一个男人忙与不忙完全看这个女人对他来说重要与不重要。如果他总是说自己忙，就是告诉你，你对他来说并不重要。

在影片《廊桥遗梦》（The Bridges of Madison County）中，身为人母的弗朗西斯卡在单调、平静和舒适中已经生活了多年。丈夫不可谓不体贴，孩子们不可谓不听话，她的家庭看上去也相当富足。然而，从她有些冷淡和麻木的表情来看，弗朗西斯卡的幸福指数不会太高。孩子们都已经长大，丈夫也很让她放心，于是，她有了时间和精力来考虑自己的幸福。弗朗西斯卡或许也曾有过轰轰烈烈的爱情，或许也曾和丈夫度过了激情燃烧的岁月，但是一切似乎都成为了过去。婚姻中的三大副产品——家务、孩子和争吵——已经吞噬到了原本燃烧的激情。

一次，丈夫带着孩子们出门旅游几天，毫无心情的弗朗西斯卡决定留下看家。就在此时，一位极富浪漫气息的摄影师闯入了她的生活。他就是正当中年的单身汉罗伯特·金凯，因为打听麦迪逊桥的位置认识了弗朗西斯卡。这又是一段相遇、相识、相知的过程，彼此被对方征服了。几天之内，他们经

男人说"一切随缘"，只是因为他不愿意许下承诺而已。女人说"一切随缘"，常常自己变成扼杀缘分的主谋。如果你搭上一部永远不会开往你目的地的公车，那还不快趁公车路边靠站时，快快转搭下一班车？

历了麦迪逊桥头的互相凝视，乡间小道上的并肩漫步，房间内的热情拥吻和两情相悦。这一切如此短暂，因而如此美好。

然而，丈夫和孩子就要回来了，罗伯特和弗朗西斯卡不得不做出选择了。身为单身汉的罗伯特决定带着弗朗西斯卡远走高飞。弗朗西斯卡的选择却困难得多。如果她也是单身，那么一切问题就迎刃而解了。但是，她有丈夫，更重要的是，她有孩子，要承担家庭的责任。换句话说，她身上有婚姻的枷锁以及由此产生的许许多多责任和义务。如果她选择离开，她就不得不割断现有的一切，包括孩子、稳定的家庭和各种社会关系，换来的只是与罗伯特的爱情，或者婚姻。可是她与罗伯特的激情岁月究竟又能维持多久呢？

在经过一番痛苦的思想斗争之后，弗朗西斯卡决定留下来，尽自己的责任。她为了家庭舍弃爱情的做法被数以万计的观众赞为"回归家庭，走向传统"的壮举。弗朗西斯卡和罗伯特在对对方的梦牵魂萦中度过了余生，他们的爱情也就成为"此情可待成追忆"的绝唱，让人欷歔不已！

（节选自：王庆勇，"三部电影中女性婚外恋的背后"，《电影评价》，2008年第13期）

与情人的每时每刻都很美，心与心的相依相偎令人沉醉，此外，不能拥有的遗憾让彼此愈加觉得这份感情的珍贵。爱情中的伤感、遗憾和苦苦追寻，给生命增添了色彩，使人生变得更加耐人寻味。

当所有的美丽都经不起现实的磨砺，如肥皂泡般在风中破裂时，情感之旅又返回到平淡的现实中。面对爱人的恨、孩子的眼泪，不得不将自己归于现实，进行反思、进行选择。其实，婚外恋与婚姻一样，在经历了最初的激情之后，也会逐渐归于平淡。婚姻是一部交响乐，婚外恋只不过是其中的一个小插曲，随着时间推移会慢慢平息。这些出过轨的男女，最后大多又回到了丈夫和妻子身边，毕竟，婚外恋牵系的是两个家庭、两个未来。

放弃是相对的，不能轻言放弃

美国是最讲恋爱自由的国家，也是离婚率最高的国家，西方人一向崇拜东方人的贞操观念和稳定的家庭单位。但改革开放中的一部分中国人却以拆散家庭为代价，拣起新欢的原罪意识，其实是不知珍惜固有的宝藏。与高度发达的社会物质文明相适应的婚姻，应该是持久的婚姻。毕竟，婚姻塑造了

人生，而爱情只能产生快乐。当婚外恋不期而至前来敲门的时候，能轻言放弃目前的婚姻和家庭吗？

聪明的人类为了自身的生存，继承了远祖对性的需求，为了维持性的有序性，人类又为自己制定了伦理、道德，创造了"婚姻"。婚姻的美妙就在于它使人类的本能冲动得到了合适的宣泄，又使人类自身质量得到有效的提高。

但婚姻在维护性的有序性的同时，却也抑制了人类对性的多层面渴求，抑制了人类对感官愉悦以及情爱性爱的自由追逐。于是，在婚姻道德的帷幕下，便常常发生着违背道德规范的偷情和野合，即人们所说的婚外恋，于是就有了"外面的人拼命想进去，里面的人又后悔要出来"的"围城说"，婚外恋便是婚姻围城中欲出不能者的变通方式。

实际上，一方在发现另一方有婚外恋的情况下，除了愤怒还是愤怒，根本不去冷静地思考造成它的原因。现实中的情形往往是，当妻子发现了丈夫有外遇，第一反应就是感到丈夫背叛自己，感到自己受到了莫大的伤害。之后，她们又会很快将丈夫的外遇归咎于第三者。"苍蝇不叮无缝的蛋"这道理谁都懂，但此刻妻子却完全忽略了自身家庭的问题，整个过程，唯独没有想过自己是不是也会负有部分间接责任。如此一来，原本起因复杂的婚外恋被简化成了道德败坏问题。

无奈的是，当愤怒的妻子抡起道德大棒，抨击第三者并让花心丈夫回心转意时，不仅其丈夫不买她的账，连第三者也不把她放在眼里，令她感到极大的自卑，"道德"这件原本屡试不爽的武器，似乎不再是万能的了。

有时男人移情和外遇并不是出于放弃婚姻，而是为了从别的异性那里获得自信、尊严或者心灵和身体的放松。作为当事人，该考虑一下是什么因素导致了对方婚外恋的产生，该考虑一下接下来何去何从。现代社会的夫妻都应明白一点，婚姻并不能给予双方所需要的一切，而有了婚外恋有时并不一定就指向离婚，遇到这种事情，需要冷静对待、妥善处理。

有一对中年夫妇，他们是大学同学，感情一直很好。近几年丈夫因工作关系，一直跟一个离了婚的女人有来往。在一种复杂情感的支配下，他经常在生活上帮助她，情感也随之发生了质变。当妻子知道这件事后，犹如五雷轰顶，但她仍冷静下来，没有采取过激的手段，而是冷静分析丈夫发生这种行为的环境和丈夫目前的态度。她清醒地认识到他们俩之间有一定的感情基础，也明白此时丈夫的心情不比自己轻松，如果大动干戈，无疑是雪上加霜，

等于把丈夫使劲推出去。最终，她用妻子的宽容和理解来对待丈夫，使丈夫重新回到了温暖的家庭，慢慢自觉地与情人断绝了来往。

　　发现配偶有婚外恋时，作为受害的一方一定要冷静。首先要想清楚，对方产生婚外恋的原因是什么？如果不是道德问题，自己还想不想挽回？又能不能挽回？通过什么方法挽回？

　　配偶有了外遇，受害方心情极度愤怒是在情理之中的，适度地发泄怨气，使对方知道其过错已经深深伤害了自己的心，这是必要的，也是保持心理平衡的一种方法。反之，面对对方的不忠，如果一味宽容理解，逆来顺受，忍辱求全，得过且过，只会降低自己在对方心中的人格地位。所以如果你还希望你的婚姻关系继续下去，发泄是表现自尊和表明态度的一种方法。

　　但发泄不是最终解决问题的方法，最重要的还是要积极寻求恢复以往感情

　　每天我将你的衣服烫得没有一丝皱褶，让你穿得风光无限地出门去，不仅是让你有体面，而且也希望别的女人尊重我的劳动。

149

的方法。当然，这并非易事，因为心灵一旦有了裂痕和伤疤就很难完好如初。解决这个问题需要较高的情商，首先应当和解决其他矛盾一样，双方坐下来好好谈谈，分析造成问题的原因，受害方也不要动辄抡起道德大棒，不给对方一点退路，从而使矛盾激化。此刻应该提醒自己，事情已经发生，生活虽不能倒回过去，但可以重新开始。如果真心想和好，就得诚心地宽容对方。

宽容是夫妻关系和谐的良药，对于爱人一时失足造成的错误，倘若已有悔意，即使再难以原谅，也要给对方一个机会，并慢慢忘记它。随着时间的推移，你内心的创伤会逐渐愈合，你当初的宽容也会使对方更加敬重你。事实上，并不是有过出轨的人就不爱他的妻子或丈夫了，现实中很多人婚外恋的产生往往只是为了追求新鲜和刺激，他们外面有情人，但仍然深深爱着自己的家人，而且那些情人对他来说只是用来排遣寂寞而已，地位根本无法跟妻子或丈夫相提并论。人的一生，爱的波折不可避免，一旦发生了，不能说放弃就放弃，而是要积极唤回它，把它拉回到最初的状态。维护婚姻，是需要极端的耐心和极高的智慧的。

选择了就不要后悔

人的痛苦有很大一部分来自于选择，因为选择的同时意味着放弃。面临感情的岔路口，我们不可能同时踏上两条道路，虽然我们作了谨慎的考虑，但依旧无法判断这种选择是否正确。事实上，选择没有绝对的正确与错误之分，全凭自己分析作出决定，一旦做出了选择，就要确信选择的就是适合自己的，适合自己的就是好的。因此，选择了就不要后悔，后悔就不要选择。

感情上的事出了问题，不能一味地埋怨别人，因为这些问题大都是自己造成的。一般情况下，自己的生活都是自己选择的，在和对方恋爱之前，我们就大致了解了对方的状况，没有人会强迫我们要和对方恋爱或分手，或要求我们必须做什么事。造成今日的局面，要更多地从自己身上找原因，既然是自己的选择，再苦再累，也要独自承担。人的一生，除了自己的出身无法自己选择，其他的大部分，都是自己选择的结果。

有一天，柏拉图问老师苏格拉底什么是爱情，苏格拉底叫他到麦田里走一遭，在走的过程中不能再回头重走，在途中可以摘一棵最大最好的麦穗，但只能摘一棵。柏拉图觉得此事很容易办到，便充满信心地往前走，谁知过了半天没有回来。最后，他垂头丧气出现在老师跟前，诉说空手而回的原因：

难得看见一棵看似不错的，又不知是不是最好的；因为只可以摘一棵，便挑挑拣拣，总希望前面有更好的；等到走到尽头时，才发现手上一棵麦穗也没有。这时，苏格拉底告诉他：这就是爱情。

选择之所以很难，是因为我们怕选择之后会后悔，我们都像当时的柏拉图一样，试图选择到最饱满的麦穗，不知道究竟该摘取哪一棵，因而变得踌躇与彷徨。

在这瞬息万变的社会里，我们需要能够保持一种平淡与沉稳，以一种从容自若的心态，远离浮躁，面对现实，理性选择，这是一个现代人适应社会环境的基本条件。在感情方面也是如此，选择了就不要再埋怨，更不要去后悔，而是好好珍惜自己的选择。

如何理性选择或放弃？

我们往往感慨面对选择与放弃时的犹豫不决，感慨许多事情总是在经历过以后才会懂得，感慨为何当初做出这样或那样的决定。直到内心痛过之后，我们才会思考当初不明智的选择与放弃，在得到与失去中，苦涩地体验着爱情和人生。其实，生活并不需要如此的惆怅，没有什么真的不能割舍，关键看你面对取舍时的态度和智慧。善于做出理性的选择和放弃，感情世界会变得更圆满。

"弱水三千，只取一瓢饮"，这一瓢如何取舍？选择和放弃是我们都必须面对的，我们需要理性的对待两者。那么，当面对选择和放弃，我们应该如何去做呢？

李开复先生曾提出"'选择'的七种智慧"，这些智慧和原则不仅仅对于事业有用，对于家庭和婚姻也有很大的指导意义。把握这七种原则，会使我们的选择更理性、更完整、更均衡，当我们被家庭、婚姻或爱情中的问题缠绕的不知所措时，我们可以借此理清思路。

（1）用理智反对片面

人生中的绝大多数选择都不是非黑即白、非此即彼的。在最合适的时候对最合适的人用最合适的方法，在做出选择与放弃的决定前，应该全面理智地衡量各种因素的利弊以及自己的能力和倾向，这些东西并不能靠简单的公式来决定。应该凭借自己的智慧，选择最适合自己的取舍之路。取舍之道不

但强调权衡利弊，也包含择善而从。面对纷繁的世事，在选择与放弃的时候，需要具体问题具体分析。应该坚持的，就毫不犹豫地选择坚持；可以妥协的，就用同情心去理解别人的想法，并做出相应的妥协。只有用智慧甄别各种复杂的情况，从不同候选方案中择善而从，才能找到最佳的选择途径。

（2）用中庸拒绝极端

"中庸"是儒家思想的精华，"中庸"也是人生选择与放弃应该遵循的基本准则。具体到人生选择与放弃的博弈当中，就是强调要在复杂、多变的环境中，审慎而冷静地选择最适合自己的方案；中庸就是要在诸多对立统一的因素中，敏锐而智慧地寻找最佳的均衡状态。用中庸的指导思想来指导自己，把自己的选择限定在理性、均衡、和谐的范畴内，兼顾当下与长远、个人与他人、生活与事业等各方面因素，时刻防止在其中某一方面有过于偏颇的表现。

（3）用务实发挥影响

面临选择与放弃的时候，首先要明白，你面临的情况是你能够把握住的，还是你根本无力改变的。碰到问题时，要耐心地务实地分析自己的实际情况，看看哪些部分是你可以预料的，哪些部分是你可以关注但却无法影响的。不管面临怎样复杂的选择与放弃，解决问题的第一步都要从自己最有把握的部分开始：先把握自己，再影响别人，最后才有可能影响环境。就是说面临选择与放弃的时候，有勇气来改变可以改变的事情，有胸怀来接受不可改变的事情，有智慧来平衡选择与放弃的结果。

（4）用冷静做出抉择

人生就是一场不断抉择的游戏，有风雨也有阳光。这其中最重要的是，要用冷静的态度掌控每一次抉择的全过程。要培养客观的、精准的判断力。每一个重要的抉择可能都与你的前途密切相关，但你在抉择和判断时，要避免先入为主的思维定式，要避免自己的主观倾向影响判断的精准和客观。应该客观而详尽地分析每个选择因素的利和弊，甚至可以提前设想"最好的可能"和"最坏的打算"，以帮助自己综合考量。当然，许多抉择并没有这么好的"后路"，在这种时候，既要谨慎地评估风险因素，也要在适当的时候有勇气挑战自己。

(5) 用学习积累经验

每个人最初都很难做出正确的选择和放弃，但在一次又一次的错误判断中，如果能汲取足够的经验教训，就能逐渐学会正确的判断方法，也就自然成为了一个有智慧的人。学习经验不是一蹴而就的事情。很多时候，收获并不一定是每件事的成功，而是在走向成功的旅途中经历的一切。旅途中的每一次正确的或是错误的选择与放弃，都会让我们学到新的知识、获取新的教训，并以此调整自己的心态，掌握正确的判断方法。

(6) 用自觉端正态度

人贵有自知之明。心理学上把这种有自知之明的能力称为"自觉"。这样的人能够针对自己的具体情况做出最合适的抉择，做出自己能够胜任和能够得到满足感的选择与放弃。做一个自觉的人意味着既不能对自己的能力判断过高，也不能轻易低估自己的潜能。对自己判断过高的人往往容易浮躁、冒进，难以平静对待客观事实；低估了自己能力的人，则会在工作中畏首畏尾，没有承担责任和肩负重担的勇气。因此都无法做出最适合自己的选择或是放弃的决定。

(7) 用真心追随智慧

最终决定你人生选择与放弃结果的，就是个人内心深处的价值观和理想了。通过自己正确的价值观和理想来做出最适合自己的选择或是放弃的决定，寻找最为完整、最为均衡的人生状态。拥有了正确的价值观和远大的理想，在面临困难和挑战时就必然会听从自己的真心，用冷静的心态权衡各种利弊；也必然会在一次又一次或是成功、或是失败的抉择中不断积累经验完善自我……这样的人最能理解完整与均衡的真谛，这样的人最懂得使用自己的"选择"的权利来赢得真正的成功。虽然现实生活中选择和放弃往往互相较量，相随相伴，但不管面临怎样重大的抉择，我们都要在喧嚣和浮躁中坚守做人的准则，呵护好我们充满正义与良知的心灵。那样才能把握自己的命运，构建自身和谐的心理状态。

(选自：李开复，《做最好的自己》，人民出版社，2005年9月)

总之，面对选择与放弃时，我们首先要了解自己，了解自己的真实需求，了解自己更重视什么，理性的权衡其轻重，弄清楚什么对自己是重要的，什么是次要的，从而做出选择或放弃的决定。其次要清楚自己的心理承受能力，做最坏的打算，如果最坏的情况出现时能够坦然接受，那可以从容地做出取舍了。

作出决定之后，就需要一个良好的心态了，要勇敢去面对自己的决定，不再为选择后悔，并全心全意地去践行去完善。我们会渐渐地发现，我们的选择是有价值的，我们的放弃也是值得的，我们专注于这个选择，使它更好的发挥积极作用，从而也就减少了因放弃另一方留有的遗憾。

11

感情是需要经营的

前面我们阐述过婚外恋中的情爱与性爱，知道二者是彼此统一的，本章我们不去探讨婚外恋是对是错，只想说每一种感情都是需要经营的。不管是婚姻里的夫妻之情，还是婚外之情，都需要去用心经营，尽量用更好的方式去处理，才能把伤害降到最低。

感情需要经营，是指它同样需要策划，需要管理，需要理性的去思考，而远不止是感性的体验。以前我们总认为既然爱是感情的根基所在，那么只要心中有爱，感情就永远不会破灭。可有一天突然发觉，没有用心经营的感情，会在不经意的瞬间轰然崩塌，即便挽回了，感情也已经形同鸡肋。也许爱情的新鲜，只需要我们每一天做一些小小的事情，别小看这一点一滴的积累，堆积起来就是浓浓的爱，新鲜不败，历久弥新。

理想中的爱情

对爱情的描写，最美丽的莫过于古代诗词。"死生契阔，与子成说。执子之手，与子偕老。"这是一种肩并肩的站立，是一种共同凝望太阳起落的感觉，更是一种坚若磐石的爱情承诺。"在天愿作比翼鸟，在地愿为连理枝"，相爱的两个人相偎相依，两颗心紧紧地结合在一起，凝结万千情丝，爱的彻入骨髓。"山无陵，江水为竭，冬雷震震，夏雨雪，天地合，乃敢与君绝。"这更是爱情的千古绝唱，爱就爱到海枯石烂，爱就爱到地老天荒。"金风玉露一相逢，便胜却人间无数。"理想中的爱情，如山一般执著，如海一般深沉，如天空一般广阔。

古人对爱情美好的期盼，在今天体味起来依然那么令人动容。似乎从人类诞生的那一天起，爱情就成为了连绵不断的话题。古人对爱的描写真挚而

又圣洁，然而现代爱情的庸俗之风愈演愈烈，爱已经变得不够纯粹，最明显的是诸多外在条件越来越成为影响爱情的因素，如对方的相貌、家庭背景、经济能力等，其重要性甚至超越了爱情本身。同时，我们对爱的理解也多停留在表象，而忽略了爱情的深层内涵。对此我们无意苛求，但最起码的美好爱情还是要有的，也是我们应该追求的。那么，在今天看来，理想中的爱情究竟应该是什么样的呢？

理想中的爱情是两个人相互吸引，相互爱慕，感情逐渐加深的一种心里感觉，这个过程是水到渠成的。爱情不是为了排遣孤独，不是为了跟风，更不是为了对方能为自己带来什么好处，而是一种内心深处愿与某个心仪异性相处的强烈渴望。许多人在选择对象时首先考虑对方条件，却没有以彼此深刻的了解和纯洁的感情为基础，这种爱是庸俗的，这样的感情是不会长久的，这样的人也体会不到与心爱的人在一起那种心灵上的真正幸福。

理想中的爱情是心灵深处最紧密的拥抱，相依相偎，互相鼓励，互相慰

用你的食指绕自己的头发或者在杯口上画圆圈，他若是喜欢你，他的思绪一定会被你这个动作扰乱，或者片刻说不出话来。

藉，有福同享，有难同当。这种心灵上的紧密结合并不是体现在表面上亲密，也不是大众场所下的卿卿我我。在众人面前，保持恰到好处的距离，不温不火，像星空一样浩瀚、像明月一样洁净。不以爱情为手段和炫耀资本，不游戏爱情。

理想中的爱情是志同道合，是互相理解、相互体谅，是默默的付出，是我们把自己的手放进对方的手心里的那种安全感，是我们知道这个世界上有一个人与你风雨相伴、心有灵犀，是生病时对方细致的呵护与关心，更是互相促进、互相完善、共同进步。理想中的爱情，意味着付出、责任、纯洁、忠诚，它拒绝肤浅与庸俗。

要达到理想中的爱情是需要窍门的。爱是两个人的事，爱的开始，需要两个人同时打开心门，爱的维持，也需要两个人同时努力。双方要抓准爱的节奏感，随时提醒自己的节拍，踩稳步伐，该停时停，该走时走，该进时进，该退时退。恋人之间彼此要相互理解、相互支持，用真诚的情感换取彼此的真心。爱，是尊重，是付出，不是一味的索取，要关注对方，彼此间多一些问候，多一些体贴。认识一个人要靠机缘，了解一个人需要智慧，了解之后和睦相处，则要靠包容。

此外，爱的再多，还是要记得保持美感的距离。新鲜感永远是爱情最好的保鲜剂，恰当的距离才能产生美。彼此之间要保留一定的自由空间，并尊重对方的隐私，这不仅有利于双方和睦相处，也是对对方的一种尊重。要提高在爱情中的情商，有的人在感情的世界里虽然很爱对方，但他们远离浪漫，或者不善于表达，不会经营感情。

现在谈到爱情，必然涉及一个敏感的问题，那就是感情是否关乎金钱、年龄等外在因素。感情是一种情感，情感是受多种因素影响的，它不仅仅因物质而生，但也并不排斥物质。在感情的形成过程中，金钱、权利、相貌、年龄等都可能成为必要的考虑因素，但这些因素到底能发挥多大的作用，在不同的感情中是不一样的。这些方面只是感情中的一些参考因素，而且在不同的感情中所占的比重也是不同的。

在真正美好的情感中，外在因素占的分量一般都很小，当感觉来的时候，特别是一份真感情的来临，它往往是不在乎金钱权利，甚至也是不在乎相貌年龄的。当然，在某些人的眼中，身体、年龄、长相都无所谓，只要有钱就行，这不在我们讨论的感情之列。

男女缘何相爱？

有人说，男人在上床前是糊涂的，上床后是清醒的，女人在上床前是清醒的，上床后是糊涂的。这虽然有戏谑的成分，却说的也有道理。

男女相爱，是上半身还是下半身的相爱？一般来说，女人喜欢或爱上一个男人，大部分是因为他的上半身，也就是外在的表象，它是一种生活状态、社会地位等要素的呈现。而女人依赖上一个男人，则是因为男人的下半身，也就是内在的本色。本色是男人藏在体内不容易被人发现的东西，在此我们将男人那种骨子里难以改变的性格归于下半身。了解一个男人的表象很容易，房子，车子，票子，都能说明问题。男人在女人面前往往也喜欢先表现出表象的体面，至于本色，则不轻易显露。

男人的表象往往是多变的，而本色是相对恒定的。当然，本色并不是简单的性交，它还折射出男人的性格与涵养。女人若对一个男人爱的不可分离，通常是被他的下半身打动，并不是上半身。但一方面，女人对男人的下半身似乎具有一种天生的恐惧，另一方面，男人的下半身究竟是好是坏也不方面观察和验证，加上上半身确实也关乎到将来的衣食住行，所以只好把注意力转移到男人上半身的表象上了。

所以，在这里我们反对说"女人的本质就是爱钱"，爱钱有时候只是一种无奈的选择。上半身能给女人"安全感"，下半身能给女人"生活乐趣"，毫无疑问，对美好生活的追求是高于安全需求的。

至于男人喜欢一个女人，一开始往往是对女人的下半身所吸引，随着在一起的时间增多，慢慢接受了女人的习惯与性格，转而产生对女人个性与品德的依恋。大体来说，这个过程是与女人喜欢男人的过程相反的。

现实中有一种看似"奇怪"的现象：一些在品德上广受争议的有绯闻的女人，往往很有男人缘。这又怎么解释呢？

这其实并不奇怪，有绯闻，说明这女人有资本、有魅力、有风情，还说明这个女人的防线是可以击溃的，于是绯闻女人对那些好色的男人产生了很大的诱惑。虽然表现上表现出鄙夷与不屑，但实际上却是心神往之，甚至暗自摩拳擦掌跃跃欲试。所以，在绯闻女人身边，总是聚集着一群心怀不轨的男人，献媚讨好，以期有一天博得芳心。当然，这些男人原意拿出的只是自

己的身体，而不会给予这种女人多少感情的，更谈不上对其个性与品德的依恋。

总之，男人对女人一开始是对女人下半身的吸引，后来则是对女人品德的依恋。与男人不同的是，女人开始是被男人的上半身所吸引的，走入二人世界的生活后则是对下半身的依赖，女人其实很在意男人的下半身的，这是最根本的东西。但为什么有那么多的女人饱尝无性的寂寞而默默的守在男人的身边？那是女性骨子里的美德的一种体现罢了。

做什么样的爱人？

为了增进男女之间的好感，有助于彼此经营好感情，让我们看看究竟什么样的爱人才是理想的爱人。我们习惯用"郎才女貌"来形容一对和谐的恋人，但这太过于笼统，不足以涵盖其他方面，另一方面，即使双方具备了优秀的才与貌，在一起也未必就能过的幸福。

那么，在女人的心目中，什么样的男人能让女人倾心，甚至能使女人忘乎所以，舍弃一切去追随？归纳起来有以下几点：

1. 身体健康

男人要有"精，气，神"，不要求有多么的威猛高大，但一定不能无精打采，病病快快。除非特定场合需要，在日常生活中要远离烟酒等不良嗜好，懂养生，多运动，保持较好的健康状态。

2. 心胸豁达

女人和胸怀宽广的男人在一起，会感到内心轻松舒畅，可以随意地展示自己的内心世界，不怕自己犯了错误男人揪住不放。大度才叫男人，要待人宽容，不可以斤斤计较，小肚鸡肠。

3. 正直忠诚

本杰明·富兰克林说过："深厚的忠诚感就会使人生正直而有意义。"正直忠诚是一项做人的基本美德，正道直行，不欺骗别人，不算计别人，与人为善，有责任感，不离不弃，对伴侣感情专一，孝顺双方父母。

4. 乐观自信

乐观的心态，将使人的心理年龄永远年轻；浑身散发着自信味道的男人，能让女人放心的依靠。乐观自信的情绪状态，会使自己和对方心情开朗，轻松活泼，精力充沛，对美好生活充满热情与信心。

5. 坚韧进取

受到挫折，遇到逆境，不会愁眉苦脸，更不会怨天尤人、委靡不振，即使跌倒了，原地思考后也会迅速爬起来。人往高处走，水往低处流，男人要时刻保持进取之心，心中有事业，心中有未来，无论穷富都要有追求。男人的一生，是奋斗的一生，无论艰难险阻，要不断努力，努力让自己变的更强大。

6. 智慧胆识

处理问题迅速、灵活，有头脑，有主见，不完全受别人思维和行为影响，敢作敢为，敢爱敢恨。面对任何棘手的事情，不胆怯，不退缩，善于抓住机遇，勇于迎接挑战。

7. 气度修养

在女人眼中，有气度有修养的男人浑身上下都散发着成熟之美。在社交场合中，男人要举止优雅，谈吐得体，理性稳重。面对事情时，猝然临之而不惊，无故加之而不怒，即使心有激雷，依旧面如平湖。

8. 风趣浪漫

风趣浪漫的男人懂幽默，富有诗意，充满幻想。它会为生活带来更多创意和快乐，能使爱情更加丰富，让每一天的日子变得五彩斑斓。女人与这种人在一起，不会感到枯燥乏味。

一个男人若是具备了以上品质，就无疑会具备很大的魅力，就能很好的对待异性，经营好两个人的感情，当然，很多优秀特征并不是生来就有的，一般人也不可能完全都具备，这就需要日常中多多学习和锻炼了。

说完了男人，我们来说女人。男女的"魅力点"是不一样的，什么样的女人最能让男人迷恋呢？总结起来，男人比较喜欢女人的以下品质：

1. 心地善良

善良是决定女人其他性格特点的基础品质，是不可或缺的前提条件。心地善良的女人，对一切事物充满爱心，在处理一切问题上都多站在别人角度考虑。当然，这里的善良不是能伪善，它是一种发自内心的对周围事物的爱，也不是仅仅靠喜欢小动物之类就能证明的。

2. 温柔体贴，善解人意

温柔也是最常提到的优秀品质，没有哪个男人会喜欢刁蛮、喋喋不休的女人，温柔又善解人意的女人无论在什么时候都不会把男人当成私有财产，企图主宰男人，不会在男人忙于工作时抱怨男人不顾家，也不会在男人面对

事业低谷时觉得没出息，她们知道男人既有刚强的一面，也有脆弱的一面，知道男人本来压力就够多的了，不能再给男人施加压力，自己要做的，是默默地支持与鼓励。

3. 感情专一，善待家人

感情忠诚专一，不受外界诱惑，不离不弃。无论之前是否谈过恋爱，无论过去曾经有过多么刻骨铭心的爱情，面对眼前这个男人时，感情专一，全身心投入，不但善待对方，还对对方的家人充满爱意与尊敬。

4. 有内涵，有气质，举止优雅

坦白地讲，男人确实喜欢外表漂亮、身材很好的女人，但外表远远不足以涵盖一切，有些女人明明五官很一般，可怎么看怎么有味道，这就是所谓的内涵与气质。气质优雅的女人会人见人爱，她们有一种净化男人心灵、激励男人斗志的魅力。当然，这两项是长久修炼的结果，是内在素质修养的自然流露，不是刻意的表现与矫饰。

5. 心态好，脾气好，不嫉妒，不攀比

要有坐宝马不显耀，骑单车不卑微的心态；不动辄生气，拿脸色给男人看；不化浓妆，不打扮的花枝招展，不招蜂引蝶。尽管爱美是女人的天性，但女人过度的化妆会令男人兴致索然。

6. 给男人自由空间，维护男人尊严

男人最害怕女人限制自己的行动自由，这也是很多男人只愿恋爱不愿结婚的原因之一。男人都有自己的朋友圈子，也有自己的事业天地，如果女人经常干涉男人的行动，则会让对方心怀不满，因此，不要每时每刻都黏着对方，要给对方足够的空间。同时，男人很看重自己的面子，尤其是当着朋友的面，聪明的女人从来不会嘲笑或讽刺自己的男人，而是多赞美多鼓励。

以上这些女人优秀的品质也是一种理想状态，一个女人很难样样具备，但可以尽量的向这些方面靠拢，以增加自身的魅力，博得异性的喜爱与尊重。

其实感情的经营不需要刻意地去做些什么，不论一方还是两方，只要具备了一种较好的品性，知道当面对爱人的时候，什么该做，什么不该做，该怎么做，这样就足够了。

女人的感觉

都说女人是情感的动物，是经营爱情的专家。确实，女人的情商一般要高于男人，甚至在某些方面是男人所望尘莫及的，譬如直觉。一般人认为，女性的直觉总是特别的准，尤其是在感情问题上，这是什么原因呢？

首先，女人大多心思缜密，对于很多细微的事情都有敏锐的洞察力。女人比男人更感性，她们愿意把较多精力放到对事物细枝末节的关注和思考上。一旦当这些细节与惯例不符时，她们就会结合此时此刻的环境，通过联想对这些"异常"状况进行分析，得出预想的结论。之后她们会拿最后的结果与

如果他一直在家里做好事，就不停地夸他，如果他突然做了一件好事，仔细观察他。

原来预想的相对照，看看哪里有偏差。久而久之，她们渐渐产生了奇特准确的感知与判断能力。

其次，与男人相比，女人的活动范围相对较小，她们每天的生活与工作比较简单，可以集中注意力去琢磨一些事情。不像男人那样东奔西跑，到处应酬，每天有做不完的事情。很多时候即使男人远在千里之外，但从一个短信或一个电话中，女人就能察觉到一些反常信息，捕捉到男人的谎言。特别当男人有出轨的迹象但没有证据时，这种直觉的判断尤其准确。

直觉反映的是个人丰富的思维过程，它的结果往往比通过理性分析得到的更为准确，且很难与别人解释其原因。由于女性的直觉有很高的准确性，所以女人往往更愿意相信自己的直觉。当然，我们建议女性不要迷信直觉，毕竟有时它仅仅是一种错觉而已。即使在感情的旋涡里，也不要丧失必要的理性判断。

无性婚姻到来？

婚姻中的性与感情是不可分割的，两者相得益彰。捷克著名小说家米兰·昆德拉说过，"性爱不只是一种肉体的欲望，从另外一个层次来看，它也是一种攸关名节的欲望。"尽管婚外性行为越来越多，依然不可否认，性生活大多还是发生在婚姻里。但从种种记录和数据看来，从很早开始，婚姻中的性爱就并不理想，性爱的缺失和不满意较为普遍，从而导致了感情生活中的种种不如意。而如今，无性婚姻却有越发普遍的趋势，这种现象值得我们注意。

据称，日本在20世纪90年代末就进入了无性爱时代，很多日本夫妻性生活频率很低甚至长时期没有性生活。近年来，日本无性婚姻以几何数字增长。日本厚生劳动省认为，没有性生活或每月性生活少于一次的夫妇，即为无性夫妇；而2007年的统计数据显示，日本有35%的夫妇属于这个群体，其中丈夫和妻子所负的责任为6∶4。

日本这一现象的主要原因是日本生活节奏快，工作压力过大，尤其是男性，回家后身心疲惫，对于夫妇性生活"有心无力"，只想洗澡、吃饭、睡觉，没有了欲望之火。受保守的传统文化影响，妻子也不便主动求欢，而且日本大男子主义盛行，妻子的意见丈夫很少能听得进去，夫妻缺乏沟通。

事实上，无性婚姻并不是日本的专利，在我国也并不少见。

中国人民大学性社会学研究所潘绥铭教授带领36名研究员，历时一年，在全国城乡60个地方对3824位20岁到64岁的男女的性生活状况进行了随机抽样调查了解，结果发现，在已婚或同居的男女中，每个月连一次性生活都不到的人超过 1/4 (28.7%)；在最近的一年里，连一次性生活都没有的则占6.2%。

如果以一个月以上没有性生活这一标准来衡量，估计会有很多夫妻生活要被归为无性婚姻。以性为纽带连接起来的夫妻，为什么却陷入无性的境地？究竟是什么原因，把人生最基本的欲望磨灭掉了？

潘绥铭教授认为：可以说有两方面原因，婚内的无爱与性方面的无知。如果一个人觉得伴侣对自己非常体贴，那么他们之间的性生活很多，体贴的程度越低，性生活就越少。

没有性的人生是悲哀的，没有性的婚姻更加悲哀。无性婚姻，丧失的不仅仅是性生活带来的愉悦感和享受感的问题，它还会带来其他方面的危害。我国著名性学专家朱嘉铭教授说："无性婚姻压制人体自然的性需求，会导致当事人心理失衡，性格怪异，甚至会患上神经症。严重者还可能出现身体其他功能的失调，影响身体健康。"

性是婚姻中的一种调味品，是男女相爱的润滑剂，对绝大多数人来说是不可或缺的，因为它既是男女双方的一种生理需求，也是一种释放，健康的性生活还对身体有益。现代科学已经证明，性爱可以缓解压抑、焦虑的情绪，能刺激内分泌腺，释放有利于身体健康的激素，这些激素具有镇痛、松弛身心和提高免疫力的作用。既然性爱有这么多好处，那么产生无性婚姻的原因究竟是什么？

一是心理原因。心理问题是无性婚姻产生的主要原因。婚姻中的性爱是灵魂与肉体的结合，首先有性心理，才会有性行动。无性婚姻中的大多数男女并不是没有性爱的能力，但是因为种种原因，没有这种想法和行动。譬如夫妻间感情冷漠，或因某些原因产生紧张心情，关系不和谐，导致性厌倦。心理学家弗洛姆在《爱的艺术》一书说："对最经常出现的性问题的研究——妇女的性冷淡，男子心理上的各种严重的或不太严重的阳痿形式——表明产生这些问题的原因不在于缺乏技巧，而是这些男女的胆怯心理使他们失去爱的能力。害怕异性、憎恨异性是造成这些困难的原因，这些困难阻止他们献出自己和自发地行动，使他们在生理上无法忍受异性的靠近。"心理原因主要是由于夫妻双方缺乏沟通和理解造成的。

二是压力过大。在这个竞争年代，生活节奏越来越快，工作压力也越来越大，一个家庭，两份工作，朝九晚五，下班回到家还要做饭、做家务、照顾孩子等等，身心俱疲，此刻休息才是第一需要，即使两人相亲相爱，不存在感情上的问题，但也没有时间去享受那原本可有可无又耗费精力的性爱了。时间久了，习惯之后，短期无性也就自然而然地发展为长期无性。倘若一方在事业中屡屡不如意，心情烦躁，就更会失去性要求了。

三是缺乏新鲜感。婚后两个人天天在一起，时间长了渐渐产生了审美疲劳，对性变得麻木，觉得"就那么回事"，于是性爱频率自然就降低了。此外，倘若一方因追求刺激转而寻找婚外性，则会更进一步减少婚内性行为。

四是生理问题。夫妻中的一方或双方由于先天机能或者后天因素所致，部分或全部丧失了性爱的能力。现实中最多的表现是男方阳痿或女方对性向来不感兴趣，此外还包括因流产、生育等原因造成的性恐惧。

如何改善性生活

长期以来，由于传统思想观念的影响，人们往往对性方面很避讳。其实，性是夫妇生活中相当重要的一环，家庭的和谐与否，性往往扮演着决定性的角色。现实中，有些人因为种种原因抵制性爱，把自己硬挤进无性婚姻的行列，这是不应该的。

波兰有关研究报道，享受到较高或很高性满足的女子，认为她们的婚姻是幸福和非常幸福的占79%，一般的占16%，认为不幸福的仅占5%。而性满足程度较低的女子，认为她们的婚姻是幸福的和非常幸福的占36%，一般的占43%，不幸福的占21%。我国有一家媒体也曾对离婚当事者做过一次社会调查，发现六成以上都是起因于夫妻性生活长期不和谐引起夫妻矛盾激化从而导致离婚的。

性爱是爱情的润滑剂，没有了这个润滑剂，婚姻又能走多远？性欲是人

生命在于运动，指的不是床上运动。你将床上运动当作体育锻炼，我是
陪练还是运动器械？

的基本欲望，它可以让生命之花变得绚丽多彩。在夜晚来临的时候，我们呼
吁爱恋的双方彼此调整好心情，全身心地投入，让心中那团熊熊燃烧的爱之
火，映红你和爱人的脸庞。

提起性爱，人们最关注的莫过于性爱时间，性爱时间已普遍成为衡量男
人性能力的唯一标准。似乎性爱时间越长，越能满足对方，性生活就越富有
激情。男性往往刻意拖延时间，以确保女性能获得更长久的愉悦，达到美妙
的制高点。但是，性爱时间真的越长越好吗？最完美的性爱时长，究竟需要
多久？

美国宾夕法尼亚州比兰德学院首次针对性爱时间进行了大规模的研究，

答案是7—13分钟。研究人员在美国和澳大利亚随机调查了上千人，发现实质性爱（从性器官开始接触算起）在7—13分钟最为适宜。多数被调查者，尤其是男性表示，实质性爱超过13分钟，疲惫感会增强，且较难恢复体力；而少于7分钟，会有意犹未尽之感。

据称，这项研究就是为了让许多人明白，"完美性爱要久些再久些"的说法是无稽之谈。研究负责人埃里克·寇特解释说，人们对于性爱总是有些不切实际的假设。"比如，男性就该拥有粗壮的阴茎，勃起必须坚挺，整晚缠绵都不知疲倦，这明明是人们一相情愿的'白日梦'，然而很多人竟将之视为理所当然，甚至拿出来作为衡量性能力的准则。"导致的结果就是本来没有问题的人也开始担心自己的性爱表现，久而久之可能会诱发一系列性功能障碍。

消除对做爱持续时间的恐惧，是重塑自信的第一步。那么，在做爱过程中，需要怎样做才能改善性生活质量呢？归结起来，有以下几点：

1. 性生活要以爱为基础

夫妻间的性生活，不仅仅是为了实现生育功能，更多情况下是为了分享和表达对对方的爱。许多的人在性生活中热衷追求性爱技巧，然而他们忽略了一点，其实性生活中真正缺少的不是技巧，而是性爱的激情与冲动。这种激情与冲动，就是源于双方的爱。没有爱，和谐的性生活就无从谈起。

2. 营造良好的做爱氛围

氛围好坏在很大程度上影响到对性生活的感觉，夫妻做爱前要事先做好准备，如上床前洗个澡，穿上一套性感的睡衣，换上一条触感柔滑的床单，把灯光调暗，放一段轻柔的音乐，跟心爱的人拥抱在一起，说说话、谈谈心，聊一聊能使双方兴奋的话题，这样有利于双方进入"性角色"，在适宜的环境中增加和谐气氛。

3. 重过程不重结果

性爱是一个徐徐渐进的过程，要在过程中得到身心的享受，不能只对最后的结果感兴趣。很多人为了达到那一瞬间的高潮而不遗余力，其实，这样做很容易造成双方做爱过程的紧张，反而达不到性高潮。比如性爱抚是做爱过程中不可或缺的环节，是营造感性的气氛和表达爱与激情的一种很好方式。可以通过互相触摸、握持、安抚、吻摩、拥抱、摇撼等"五徐"的戏道，使双方情动欲感，性交协调。

4.要懂得性反应的周期

整个性生理反应分四个时期，即兴奋期、持续期、高潮期、消退期，上床后不要急于性交，应该做好性交前戏的活动，来激发对方的情欲，对方也应主动配合，精神坦然，等双方进入兴奋期再性交。射精后，女方性欲消退缓慢，应该继续给妻子爱抚和温存。如果双方高潮没有同步，这样还可弥补性高潮不同步的不足处，增加性和谐程度。

5.性生活方式不拘一格

单调的性生活会使人乏味，形式多样的性生活方式可使人放松精神，获得更多的乐趣。在性爱中处于主动地位的男性应明白，让女性满足的方法有很多，比如在做爱前增加变换前戏的内容，做爱中尝试不同的体位，变换不同的环境，多一些甜言蜜语，必要时也可以用一些辅助器具等，让性生活保持新鲜感。夫妻可以尽可通过追求性生活方式多样化而寻找婚姻生活的快乐，

不要在床上要挟他，否则只能让他去上别人的床。

维系良好的婚姻关系。当然，在寻求新的性生活方式时，应坚持自愿和健康的原则，并把握好尺度。

6. 让对方知道你的快乐感觉

很多人在配偶面前不好意思完全展示自己的情感和欲望，怕破坏了自己在对方心目中的美好形象，甚至有的夫妇做爱时紧闭双眼，紧绷神经，沉默寡言。没有语言和感情的交流，单纯的肉体碰撞，会把性生活降低到本能冲动的水平，这样的性爱是缺乏乐趣的，因此在性生活中要多一些语言沟通，及时把性爱过程中快乐的感觉说出来，由衷地赞美对方，这样不但能让双方心态放轻松，还给对方很大的自信。性生活是两个人的事，只有双方都真正地关注与聆听对方，它才会发生质的改变。

上述是性爱来临时需要掌握的一些技巧，此外在平时生活中，一些好的习惯也对改善性生活有很大帮助，这些好习惯包括：

1. 坚持运动

良好的身体状态是性生活的重要保证，锻炼得越好，其性欲水平和性生活质量就会越高，当然锻炼不能太过疲劳，每周保持合适的运动量即可。科学家认为，运动期间体内可释放一种令人心情振奋内啡肽物质，这种物质恰恰是机体自然发生的内分泌物，可以使人产生愉悦感。此外，运动还有助于摆脱心中的一些烦恼，对增强性欲也有积极作用。可以根据自己的爱好，选择打球、游泳、跑步、爬山等良好的运动项目，每周只要进行三次、每次一小时的"适度运动"，就可大大改善性生活。

2. 饮食平衡

保证平衡的饮食，全面摄取营养，以维持正常生理功能。食物中的一些成分与性机能有直接关系，如维生素A类化合物有维持生殖系统正常功能的作用；锌对人体及性器官发育有重要影响，缺锌可使生长发育迟缓，生殖机能低下。食物的选择对性功能也有影响，选择具有调补气血、补肾壮阳作用的食物能有效地增强男性性功能及防治性功能障碍。

3. 心理健康

精神上的压力或创伤也会造成性欲低下，这种现象在年轻人中比较普遍。紧张、焦虑、沮丧、压力、恐惧和过去的不良性经历，都会降低人们对性爱的美好预期，甚至排斥性生活。一旦发现自己有上述心理问题，应学会自我调节，必要时应该及时向心理医生或性治疗师求助。

性是爱的证实，也是爱的升华，它可以欢娱人的心情，解除精神上的烦

恼，增进男女双方的感情。世界上再没有什么别的事能像性一样将两个人紧紧，真实的融合在一起。当两个人爱到极致的时候，真的希望将自己的一切毫无保留地交给对方，只有心灵和身体的交赋，才是完完整整的。性爱是一门学问，相爱的双方应该在实践中寻找最为满意的方式，达到性生活的和谐。

12

玩弄异性是一种病态

　　婚外恋中的人，大多是对现实生活不满足、对生活期望过高的人。由于真爱的缺失与社会的浮躁，人的欲望和激情的急欲得到发泄，于是，对异性的玩弄逐渐成为这些人趋之若鹜的游戏。

　　这是一群游走于情与欲、传统和现代、开放和保守之间的人，在网络与现实中，男人忙着猎取中意的目标，女人醉心于编织各种美丽谎言。在这场的游戏中，究竟包含了多少真爱的成分？究竟是谁在玩弄谁，谁又被谁玩弄？

玩弄身体

　　提到玩弄异性的身体，我们首先得提一下性变态。性变态也称性心理障碍，它指不符合一般常规的性心理和性行为现象，有些性变态仅仅是脱离常规，并不造成伤害，而有些则可能造成对他人的恐惧和伤害，影响社会的安定团结。性变态的产生与遗传基因和性激素有关，也与个人的认知、社会环境、教育等因素有关，它是生理和心理的共同问题。

　　玩弄异性的身体是一种性变态，它是指性心理与性行为偏离正常轨道，表现为性目的或性欲满足方式异常，也称为性歪曲或性偏离。人类正常的性欲和情爱是在正常的异性之间发生，并通过正常的两性性行为来获得满足的。凡性爱活动不采取男女性器官正常相交的方式所进行的性爱或性交活动都属于性变态，采取这种性变态的方式进行的性行为就是对异性身体的玩弄。

　　对异性身体的玩弄，以男性为多，他们把对异性的兴趣集中在异性的胸部、性器官、手、足、臀部等部位，以非正常的行为来取代正常的性活动，采取抓捏、吸吮、啮咬、捆绑甚至SM（sadomasochism，性虐）等方式以激起

性兴奋，获得性满足，这类行为也被称为施虐癖。

施虐是指通过折磨异性的肉体来满足自身性欲的一种异常行为，若有这种癖好即称为施虐癖。施虐行为有时只是调戏异性，激发自己的性兴奋；有时是轻度折磨异性，在羞辱中获得心理满足；有时则是通过鞭打、脚踢等各类残忍的暴力行为，这种程度是一种变态行为，往往给对方带来严重伤害，甚至致残。事实上，轻度的施虐可以被视作一种正常行为，譬如相爱的男女在缠绵之时，常有相互咬啮的现象，以轻微痛楚为乐，这虽然也算是一种施虐，但它更多是一种爱的炽热的表现。但凡事都有度，如果超过了限度，就成了施虐狂或性变态了。

从历史记载和现实情况来看，施虐癖大多集中为男性，这与男女体力的差异，阶级社会男尊女卑的关系，以及在性交过程中男人处于主动地位有关。

作为人类文明发祥地之一的古罗马帝国，也是一个纵欲的国度。"罗马人，把妻子藏好啊！因为著名的色魔秃头恺撒将要凯旋了。"当人们在迎接一个了不起的民族英雄时，有人这样警戒罗马人。古罗马第三任皇帝卡里古拉的性行为带有一种施虐狂的特征，一旦他想得到某个女人，就立即把她从她丈夫的身边夺走，玩弄之后，再打发走。他还在每天入夜之后掠夺罗马城中年轻貌美的女人，加以凌辱。古罗马还有个皇帝叫杜米仙，他还喜欢给自己的宠妾拔除体毛，常常就这样在床上消磨去一个下午。西方历史记载的典型的变态狂基本上都是出自古罗马，一些历史学家认为，古罗马的消亡就是纵欲的结果。

我国文献中对施虐现象也有记载。古代流行笞刑，因此使用鞭笞的施虐方式比较多。如宋朝赵德麟所著《侯鲭录》中就记载了一篇关于施虐的事：

"宣城守吕士隆，好缘微罪杖营妓。后乐籍中得一客娼，名丽华，善歌，有声于江南，士隆眷之。一日，复欲杖营妓，妓泣诉曰：'某不敢避杖，但恐新到某人者，不安此耳。'士隆笑而从之。"

清末著名学者俞樾在《右台仙馆笔记》也有一件关于施虐癖的描写：

"新到县官，少年佻浮，而慕道学名，喜笞妓，笞必去衣，妓耻之，以多金求免不得，又以多金募代己者，亦无其人；若能代之到官，吾当与诸妓约，受杖一，予钱千也；伍百诸人皆受妓略，行杖必轻，且形体是而名氏非，初

不为泉下人羞也。"

　　这段话大概意思是县官喜欢用鞭子抽女人，找不到愿意被抽的妓女，于是不惜通过重金补偿等方法去找。吕士隆和这位县官都有明显的施虐癖，此外还有一个共同点，就是女性对此态度大多都是不愿意或反感的。

　　有人说，人的欲望有两种，即人性的欲望和神性的欲望。但神性的欲望难以满足，因此只剩下人性的欲望了，而人性深处最大的欲望莫过于对物质的追求和性的向往，随着物质欲望的满足，似乎就只剩下对性的追求了，这也是经济发达地区婚外恋比例远远高于经济落后地区的原因之一，对性的追求，不但追求性伴侣的数量，还追求花样翻新。

　　这在古代各国皇帝身上表现尤为明显，他们的物质生活已经达到了极点，此时，他们的人生中只剩下一种需要：性欲。整个江山都是自己的了，金钱与权力都已大大满足，而后者带来的快乐与刺激似乎是无穷无尽的。男人当权如此，女人当权也一样。俄罗斯女皇叶卡捷琳娜二世一生宠爱过82个男人，并为他们其中的人生过孩子，并赏赐情人大量金钱；武则天登上皇位后也屡次"面首"性能力高超的男性，这说明了一旦女子掌握国家统治权后，其性放纵一样存在，只是从施虐癖的角度来讲要远远逊色于男人罢了。

　　近代著名文学家茅盾经过观察和研究，发现"病的性欲——这是一种社会的心理的病"，并说是"值得研究的"。而这种研究需从社会学和心理学两方面进行。鉴于当时茅盾所处的大革命时期的时代背景，他对当时这种病态性欲的表现，可以说是当时社会矛盾中的一种。

　　茅盾笔下对玩弄妇女的描写，最突出的例子是《子夜》中的赵伯韬。赵伯韬是一个买办资本家，性格骄横狂妄，阴狠狡诈，过着一种腐烂的生活，不知羞耻地将半裸的妍妇唤出来给来访的客人观看。

　　茅盾笔下的女人也有表现出病态的性欲，作品《追求》里的章秋柳，身上也表现出病态的性欲。章秋柳说道："女子最快意的事，莫过于引诱一个骄傲的男子匍匐在你脚下，然后下死劲把他踢开去。"章秋柳是一个受过伤害的女性，压抑与苦恼让她带有强烈的愤世嫉俗的叛逆精神。表面上看，她是那种寻求刺激、摆脱抑郁的放浪女子，实际上追求的是性解放背后的自由精神。

　　在现代社会中，玩弄异性身体、喜欢性虐的人，有些是心理变态导致生理扭曲，有些是性欲旺盛而致，还有相当一部分人是受了黄色毒流的侵害。

很多成人电影与黄色书刊对性爱场面进行大肆渲染，视听冲击力强，给观众一种想尝试模仿的冲动，于是在与异性做爱时便尝试这些花样，说服或强迫对方接受自己的性行为。

虽然婚内也有性虐现象，有人也称其为"婚内强奸"，但情况不是很多。无论家庭中的男方还是女方，大多都不好意思对自己的老婆或丈夫提出这样的要求，怕降低自己的形象，毕竟，在家庭中，男人扮演的是一个丈夫或是父亲的角色，女人扮演的是一个妻子和母亲的角色，此外，中国保守的传统思想也对其起到一定抑制作用。而在婚外恋中，出发点就是追求刺激，性行为也就变得毫无顾忌了，尤其是那些对情人没有多少感情，仅仅是为性出轨的人，更容易沉醉于这种玩弄异性身体带来的刺激。

玩弄感情

当一个女人曾经年少的时候，是否遇到过薄情寡义的男人？他们在得到你的身体之前，山盟海誓，极尽讨好和赞美，在得到身体之后，却找出种种理由，跟你"无奈"地说分手。时至今日，也许你还在为当时那几句分手的惜别之语而心生涟漪，甚至无法割舍。却不知那男子，早已把你忘在脑后，消失的无影无踪。突然有一天，你发现似乎那个男的从未爱过你，他爱的只是你的身体，换句话说，你的感情被玩弄了。

玩弄感情分为两种：一种就是嘴里不断地说爱对方，其实根本不爱，只是利用对方的感情来达到某种特定的目的，譬如为了得到对方的身体或者金钱财物等，倘若一旦得不到，就一脚踢开。另一种情况是虽然爱对方，但同时周旋在几个人之间，面对爱人有一大堆谎言，这种爱是一文不值的，因为从根本上讲他们心里爱的只有自己。

很多已婚者喜欢在网上和现实中寻找"艳遇"，这里面以男人居多，但也有一些渴望红杏出墙的女人。男人玩弄感情的目的往往是为了得到对方身体，与男人不同，女人玩弄感情的深层原因是渴望被别人关注，渴望得到异性的认可，从而达到自我肯定的目的，一般来说，喜欢玩弄感情的女人大多有过爱情不顺的经历，或之前心灵受到过创伤。

在这个浮躁的社会里，感情似乎是用来玩弄的，男人玩弄感情的人有很多，但大多千篇一律，相对来说，女人玩弄感情的招数就层出不穷了。女人玩弄感情可能是出于寂寞、可能是出于嫉妒、可能是出于憎恨、也可能是为

了攀比，当然有一些也是为了性。

上帝对男女是平等的，上帝给了男人强壮的体魄来征服和支配这个世界，同样也给了女人美妙的身体和丰富的情感来征服男人。女人懂得用身体的筹码来对付男人，并达到目的，获得自身的满足，同时，这也成了玩弄感情的最好的招数。当然，更有女人技高一筹，她们玩弄感情不用身体，而是用智慧，若男人不幸被这种女人俘虏，不但什么也得不到，还任女人宰割。

世上男男女女，玩弄异性感情的不在少数，只是玩弄的程度有深有浅。那么，怎样算是玩弄别人的感情呢？一般而言，玩弄感情的人有这样的表现：

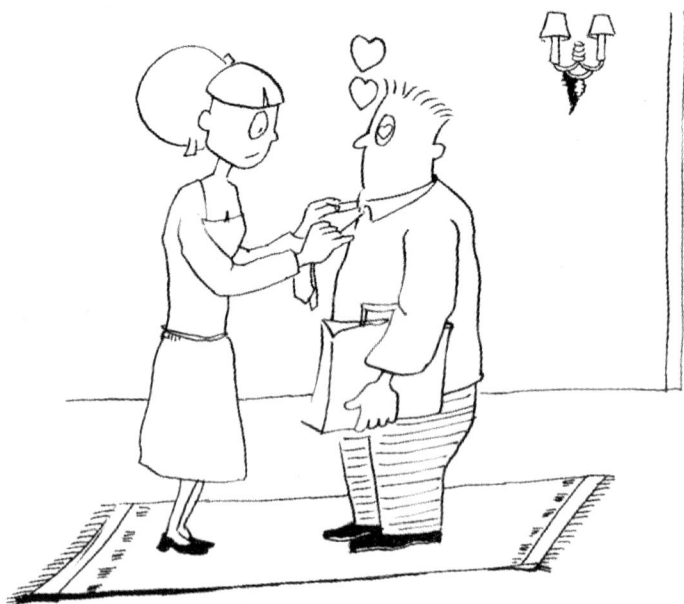

总是"爱"不离嘴，其实是口不对心。

a. 喜欢花言巧语，赞美奉承，只说对方优点不说缺点。

b. 找一个不讨厌的人摆脱寂寞和空虚，做着恋人之间的事。

c. 为了想跟对方上床而接近，为了物质享受而接近，或为了得到对方的帮助而跟对方交往。

d. 只想获得一种被爱的感觉，没有爱上对方，却接受了对方的爱。

e. 保持暧昧，若即若离，不拒绝，不确定，不言明。

f. 只顾自己舒畅快乐，全然不顾对方感受。

g. 没想过或确定不可能跟对方结婚，却不告知对方，继续保持交往。

h. 不敢公开自己完整的个人资料或相关信息。

i. 你虽然对他（她）情有独钟，却只是他（她）众多女（男）友中的一个。

j. 爱的人不爱自己，只能找个爱自己的人。

在感情沙漠化的年代，玩弄感情、游戏人间的人很多，使真爱变得稀缺。有句话说得好：玩什么别玩感情，游戏情场的人是公害，无论男女。对于那些喜欢玩弄别人的人，表面上看似乎是赢家，但他们在心理上是空虚的，他们的道德也是受到抨击的，他们自身更是一种悲剧，从这角度讲，我们也要对他们报以另一种同情。

玩火容易自焚，把情感当成一种游戏在玩耍，试图将情感玩弄于股掌之间，殊不知，伤人者必自伤，感情的世界里要么双赢，要么双输，谁都不能独善其身。

生理和心理的原因

在这个复杂、浮躁的社会里，与玩弄有关的词、有关的行为数不胜数。这里要谈的是关于爱情的玩弄，直白点说就是男人玩弄女人或者女人玩弄男人。一般说来，人小时候的性情是单纯的、纯洁的。可长大后为什么会有玩弄这种卑鄙的事情发生，并且这种行为还在不断地蔓延？

玩弄异性这一病态现象的产生有其复杂的原因，既有生理因素，也有心理因素；既有个体因素，也有社会因素；既有先天遗传，又有后天环境影响。在这些因素中，后天社会因素最为重要。

1. 先天生理的印记

生物学告诉我们，人的发育可分为胚胎发育和胚后发育两个阶段。从受精卵分裂开始。直到成熟的胎儿从母体产出为止，整个过程就是胚胎发育；从母体产出开始，到个体发育成熟为止，也即从婴，幼儿发育到青春期发育成熟的过程叫胚后发育。在此过程中，性的分化也在同步进行，首先是精子与卵子相结合，性染色体决定了胚胎的基因性别，然后，含有男性基因的胚胎在5~6周时形成胎儿睾丸，含有女性基因的胚胎在12周后形成卵巢、输卵管、子宫，这样就完成了生殖系统的初步发育。生殖系统的进一步发育是通过下丘脑—垂体促性腺激素—性腺轴 (HPGA) 调节完成，在人体各系统中生殖系统生长发育最迟，从出生到青春前期一直缓慢生长，保持幼稚状态，直到青春期才开始6~7年的迅速生长发育，出现第二性征的男女差别。

在第二性征的发育过程中，对于男性来说，在生殖系统发育过程中，睾丸发育异常可见脆性X染色体综合征，先天性睾丸发育不良等。男性第二性征发育顺序依次是睾丸、阴茎、阴毛、腋毛、胡须、喉结、变声，全部要经历2~5年，由于每个人的性激素水平不同，个体差异大。对于女性来说，X染色体任何部分缺失均可能导致卵巢发育不良。

在生殖系统复杂的发育过程中，性的生理变化出现任何问题，都会影响到性心理的变化。根据医学研究，某些性变态心理的出现与性分化过程的遗传因素及性激素在性分化过程中的作用有很大关系。

2. 儿童时代对性的认知

对于性变态，弗洛伊德在《精神分析引论》第三章"神经病通论"中说："有些人的性生活与常人不同，这些人可称为'性的倒错者'"，"一切倒错的倾向都起源于儿童期，儿童不仅有倒错的倾向，而且有倒错的行为，和其尚未成年的程度正相符合"。

弗洛伊德还认为，儿童一开始都以为两性的生殖器是相同的。"一个男孩若偶然看见小姊妹或小朋友的阴户，他马上会否认所见为真，因为他想象不出像他一样的人何以竟没有这个重要的器官。""就小女孩而言，我们知道她们因为缺乏一个有目共睹的阴茎，所以深感欠缺，从而妒恨男孩的得天独厚；因此，就产生了想成为男人的欲望，后来如不能有相当的女性发展，这个欲望可复见于神经病。"

这种早期对性的认知，使男孩开始处于"阉割情结"的控制之下，如何面对这个情结，将影响到男孩未来的性格、精神病特征以及反抗精神。同样，女性的"欠缺心理"也容易在成长中影响到性格、思想等方面。

3. 自我心灵的压抑和扭曲

在弗洛伊德看来，人的精神生活主要由两部分组成，即意识和无意识，中间夹着的很小一部分为前意识。意识仅仅是人的整个精神活动中位于表层的一个很小的部分；无意识才是人的精神主体，处于心理深层。无意识包括人的原始冲动和各种本能，以及出生后形成的与本能有关的欲望。这些冲动和欲望不见容于人类的风俗、习惯、法律，而被排斥和压抑在意识之外，但它们并没有被消灭，仍在不自觉地积极活动，追求满足。但意识却因受社会风俗、道德、法律等现实因素的制约，故常与无意识对立，使后者受到压抑。这是一切心理冲突及精神疾病的主要发病机制。

后来的精神分析学家们又提出，儿童幼年时如失去父母，与关键人物分离，父母的各种影响，身体的疾病、受伤、手术等引起的疼痛或不适，或断奶、入学、弟妹降生等幼年即初期焦虑也是性变态的一个重要原因。

美国人本主义心理学家罗杰斯认为性变态心理与人的自我不统一、自我实现受阻有关。他认为"自我实现"是人类最基本的动机，人是"积极主动的、自我实现和自我指导的"，这是人本主义理论的核心。心理异常从根本上说是个人成长和朝向健康的自然倾向的中断或歪曲，其原因在于防御机制的过分运用使得个体脱离现实，或不利的社会条件以及学习中的失误，或是过分的紧张应激。他的理论强调儿童早期不良经历和家庭教养环境对日后心理健康的影响，包括母爱剥夺、父母对儿童不一致、同胞竞争、惩罚、过分苛求、诱惑、生理性挫折、角色混乱、父母操纵和嫉妒等。这种不良经历会在其成长过程中有可能发生性焦虑，导致变态性心理障碍的产生。

4. 性挫折引起的性报复快感

性挫折、性压抑和家庭婚恋中的不幸遭遇是形成变态心理的重要因素之一。比如在婚姻中性欲长期受到限制或压抑，性生活不和谐，或者在身体和心理中遭受到某些摧残。这种性挫折会使之对异性产生报复心理，一旦时机和条件成熟，就会付诸行动。

据有关研究人员调查，女性性犯罪的犯罪动机，有19%是为了性报复。她们由于受过男子的玩弄和伤害，就认为天下的男子没有好人，发誓要玩弄男人，对男人实行惩罚与报复。于是主动地去勾引男人，在性交过程中对于男方实行肉体上的性伤害，或设法使男方精神痛苦，使男方身败名裂。

5. 恋爱留下的阴影

恋爱中，尤其是初恋失败时留下的阴影，会一定程度上影响到一个人的正常性心理。譬如，一个男孩曾经在中学时候疯狂的喜欢着一位女生，努力去追求对方，但是终究没有得到她的认可，所以他心中一直存有伤痕和缺憾，他对爱情的美好产生怀疑，把对周游与女人之间和甚至是玩弄占有女人作为一种超级的刺激和满足，他觉得这是对自己曾经那种刻骨铭心的伤痛的弥补。

不可否认这是一种病态心理，可是这种病态心理是能连环传染的。不管是男人还是女人被玩弄之后的心理肯定都是对这个社会的仇视或者是对异性的仇视，最后渴望着通过报复来抚慰自己或者是满足自己。所以说，这是一种可怕的传染病。玩弄的原因其实还是一种欲望的无法满足，导致产生变态的满足欲望的方式。

6. 色情文化的泛滥与污染

当少年进入青春期后，由于男女身体的迅速发育出现了不同的第二性征，异性在对方眼里变得神秘，因此无论男女对探究和了解异性的愿望十分强烈，任何有关性的文化信息都会对年轻人具有强大的吸引力和刺激，处于此阶段的青春期男女最需要的就是健康的性教育。

但由于家庭、学校对性教育的忽视甚至躲避，没有及时给予正确而又科学的性教育。于是社会上广泛传播的色情文化，特别是淫秽书刊和黄色录像便乘虚而入，而这些内容中对性交的描述与正常的性交相比，不乏许多过火之处，做爱手段和花样繁多，往往为了追求肉体上的快感或精神上的强烈刺激而置对方于不顾，甚至许多时候近乎性虐。这使得一部分接触过此类色情文化的人，在强烈的刺激和诱导下，以后在性交过程中会刻意的模仿，慢慢形成了程度不等的性变态。

7. 社会压力过大与心灵空虚并存

现代社会，节奏快，工作、生活、家庭压力过大，面对着多重压力，很多人无从排遣，于是把玩弄异性作为一种释放和发泄的途径。同时，物质泛滥的社会导致文化沙漠，很多人的心灵陷入极度空虚的情形。网络的发展和普及，更使这种空虚放大为一场全民的娱乐。

当代社会情感道德的下滑，我们认为主要在于人们生理欲望的强化，且其中夹杂着物欲与占有欲，人心浮躁，思想不安分，整个情感世界也变得复杂。于是，婚姻和情人以及情侣关系，都变得空前的脆弱。

在电视台的相亲节目中，一些男女声称自己恋爱的次数在十次以上，这在以前会让人觉得不可思议，现在则变得稀松平常。能够谈上十来次，还需

要去相亲和征婚的人，其对情感的严肃性可想而知。在这么多的恋爱次数中，有多少是真爱的，有多少是打着爱情的幌子玩弄对方感情或身体的，又是什么原因导致爱情成为快速消费品的？

或许，很多人本来就是把爱情当成一场游戏，游戏的潜规则就是玩玩而已，双方谁投入了谁就注定会受伤。或许，还有一部分人，根本就是职业恋爱者，对情感根本没有严肃性，以恋爱为由肆意地玩弄着异性，这不能不说是人类现代爱情的悲剧。

引导与纠正

一、塑造健康的性行为和性心理

大致来说，健康正常的性行为，是符合所处文化环境所规范的性行为，包括道德规范、法律规范、民俗规范。19世纪70年代世界卫生组织曾经将性行为的健康定义为：指具有性欲的人在躯体上、情感上、智力上和社会适应能力上均健康的总和，从而使人表现出积极完善的人格、美好的人际关系、爱情关系和夫妻关系。世界卫生组织认为性行为健康的具体内容应该包括以下几项：

①根据社会道德和个人道德的原则，享受性行为和控制性行为的能力；

②消除能抑制性反应和损害性关系的恐惧、羞耻、罪恶感等消极的心理因素和虚伪的信仰；

③没有器质性的障碍，没有各种疾病和妨碍性行为与生殖功能的躯体缺陷。

健康正常的性行为能给人带来生理与情感上的满足，有助于提高男女生活质量，同时，它与健康的性心理也是分不开的。那么，性心理健康又是什么呢？

世界卫生组织对性心理健康所下的定义是：通过丰富和完善的人格、人际交往和爱情方式，达到性行为在肉体、感情、理智和社会诸方面的圆满和协调。性心理健康评定标准必须具备以下四个条件：

一是个人的身心应有所属，有较明显的反差。如果阴阳莫辨，就难以实施健全的性行为与获得美满的爱情。

二是个人有良好的性适应，包括自我性适应与异性适应，即对自己的性

征、性欲能够悦纳，与异性能很好相处。

三是对待两性一视同仁，不应人为地制造分裂、歧视或偏见。对曾因种种历史原因形成的一切与科学相悖的性愚昧、性偏见及种种谬误有清醒的认识，理解并追求性文明。

四是能够自然地高质量地享受性生活。

针对我国的具体情况，我们认为健康的性心理应当包含以下一些具体内容：第一要有正常的性需要和性欲望；第二要有科学、全面、正确的性知识，包括性生理、性心理、性道德等一切有关性健康的知识；第三要有正当健康的性行为方式，性行为要符合男女平等、科学、卫生的原则，性满足的方式要符合人性；第四在性观念和性行为上要符合社会道德和法律规范。

二、提高恋爱的道德观，设身处地为他人着想

男女双方在恋爱过程中，要尊重对方，不应出现轻率和过分的行为。马克思指出："真正的爱情是表现在恋人对他们的偶像采取含蓄、谦恭甚至羞涩的态度，而绝不是表现在随意流露热情和过早的亲昵。"正如前苏联民歌《莫斯科郊外的晚上》中唱的："我的心上人坐在我身旁，默默看着我不作声，我想开口讲，但又不敢讲，多少话儿留在心上。"那种恋人间含蓄的意境，让人觉得美不胜收。

在爱情中，首先双方应做到真挚、真诚、平等、互相尊重。真挚的情感、真诚的面对，是爱情存在的基础，而当情爱失去真实性时，心就会变得污浊、冷酷和阴暗。有了真正的爱，并持有一颗真诚的心，那么不知不觉中，心和身就可以成为一体，这样的感情是值得称颂的。恋爱中的双方还要表现为一种平等互爱的关系，要尊重对方的人格和感情。双方之间不存在依附，不存在占有。

其次，要有较强的责任心。没有责任心的支撑，爱不会健康，也不会长久，只有树立较强的责任心，才能真正维系两者之间的感情。爱情是人类精神生活中的核心，是恋人的精神支柱，因此，必须对爱、对恋人采取认真负责的态度，避免伤害别人的感情。

再次，在恋爱方式上要文明、健康。文明的恋爱方式体现着恋爱者的自身修养，体现一个人的人格魅力。轻佻、放纵的感情是不文明、不健康的，当对某个异性产生强烈的向往时，或被异性的魅力所吸引时，应该能做到约束和管理自己。

最后，爱情需要奉献和付出。爱情中的双方不能只顾及自己，要更多的顾及对方，应该清楚怎样才能使所爱的人感到愉悦和幸福。

结语

渴望艳遇的男人们，当你们的目标锁定在女人身上，肆无忌惮地玩弄着对方的肉体或感情时，是否想过她们的家庭同样也会受到极大打击而破碎？是否想过你们也有姐妹，她们也会遇到和你一样的猎艳者，她们同样也会受到肉体或心灵的创伤？

渴望情爱的女人们，当你纵情于激情与浪漫的时候，当你们为别的男人献出虚假深情的时候，你是否知道你俩到底谁被谁玩弄于掌股之间？你是否知道那个为了你和家庭不辞劳苦的男人心在默默哭泣？

充斥了情欲的心总是缺乏思考，当我们变得冷静时，我们才能客观理性地认识爱情。美好的感情需要理性的支撑，对感情的理性认识，就是对人生和人性的理性认识。认识到变态心理的危害，如果能够促成人的反省，则有助于美好生活的建立，如果不用理性来排解这种心理，则必然会让心理变得更加扭曲。那种陷入玩弄异性的深渊中不能自拔的男女，本身就是一种病态，他们的世界中所有的感情都是扭曲的。

13

感情不应该是丑恶的

造成婚外恋的因素有很多，婚外恋的表现形式也多种多样，虽然在物质社会里，一切似乎都变得不是那么纯洁了，婚外恋也一样，它可能掺杂着爱情之外的很多东西。于是我们不禁悲观的问道：真情至上、不趋功利的婚外恋存在吗？

答案是肯定的。婚外恋不一定都是丑恶的，也可以是美丽的。这种美丽的情感发乎真心，它能升华爱情本身，它给双方带来温馨的感觉，带来视觉、听觉、触觉上的美妙享受，这种美丽随着岁月的流逝，长久不减。如果把这种人类与生俱来的、自然发生的美好感情都作为丑恶现象去批判，无异于否定我们人类自己。

本章，让我们摒弃那些建立在性欲与功利等基础上的婚外恋，摒弃道德上的批判，从一个纯粹感情的角度，去探寻和解读婚外恋这一现象。

婚外恋也可以是一种美好的感情

婚外恋之所以长久不衰甚至引人入胜，是因为它让爱情最自然、最淳朴的一面得以尽情的发挥。婚外恋让爱情变得浪漫而神秘，男女彼此两情相悦，缠绵厮守，体验着一段激情勃发的恋情，让人为之心动，为之倾倒。甜蜜中的男女突然会发现，人生的美好其实并不是婚姻能够完全给予的，也不是荣华富贵可以堆砌的。

从某种意义上说，远离了物质的婚外恋是最接近于纯粹爱情的感情，透过婚姻我们可以看到，凭借金钱地位，年逾花甲的老翁可以俘获二八少女的身躯，痞气十足的公子哥可以占有一个大家闺秀，但婚外的恋情，真正吸引双方的却是那种源于心底深处的蓦然心动，是建立在共同兴趣、爱好、观念

或经历等基础上的两情相悦。

而且，除了极个别立志游戏人间感情的不肖之徒，绝大多数涉足婚外恋的男女，应该是带着对真挚爱情的追求投入其中的。他们的爱恨情仇，正是对社会公义、道德伦理、财富均衡、地位身份严重分化等现象进行的无声批判。

因此，婚外恋不一定都是丑恶的，也可以是美丽的。在中国古代诗词中，也有从正面角度对婚外恋的描述。唐朝诗人张籍《节妇吟》：

> 君知妾有夫，赠妾双明珠。
> 感君缠绵意，系在红罗襦。
> 妾家高楼连苑起，良人执戟明光里。
> 知君用心如日月，事夫誓拟同生死。
> 还君明珠双泪垂，恨不相逢未嫁时。

这首诗对人物心里描写把握得非常好，抛开本诗背后的政治含义不提，单从字面上来看，它描述了一个有夫之妇经过思想斗争后拒绝了一位男子追求的故事，换个角度，它也描写了一个女人如何成功处理一起婚外恋的过程。

故事的大意是：一个男人明知道女子有丈夫，却送给她一双明珠，此女为该男子情意所感，将明珠系在红罗襦上。这时候，女子话锋一转说，我家的高楼紧挨皇家园林，我丈夫是皇家的执戟卫士，我知道你爱我的心如日月般皓洁，可是我和丈夫是发了誓言要同生同死的。此时那女人双目垂泪，解下那对明珠还给那个男人，真切动情地说："只恨我没在出嫁之前遇到你。"在这起婚外恋中，我们可以看到一个多情的男人和一个既善解人意又自尊自重的良家女人。这种情感，无论对哪方来说，都是美丽且值得回味的。

在时间的无涯荒野里，没有早一步也没有晚一步，于千万人之中，去邂逅自己的爱人，那是太难得的缘分，更多的时候我们都是在不断地错过。世界太大，圈子太小，即使真爱就在我们身边不远，但也可以无缘相见，更奢谈相恋。

人生爱恨情仇中，太多的遗憾，太多的不美满，让婚外恋这颗种子萌芽成长。纵观古今中外，最伟大、最感人的爱情故事，往往是此类婚外恋。如陆游与唐婉、李叔同与诚子、张学良与赵四小姐，还有雨果、雪莱……他们的那份爱，大家会觉得是丑恶的吗？难道不比许多婚姻更崇高，更伟大，更

令人敬仰吗？

曾经听别人说过这样一个故事：

有一个十分优秀的男人，他品行高洁，道德高尚，为人真诚，才华横溢，笃爱自己的妻子，家庭幸福，婚姻美满。可在他结婚的第5个年头，一个偶然的场合，遇到了她——那个文静美丽、气质高雅，同样优秀且家庭幸福的女子，两人一见钟情。她第一次投进他的怀抱时动情地说："现在我才知道，这儿是我宁静、温馨的港湾。"他说："尽管在别人看来，我婚姻美满，生活幸福，但我心灵深处总有一个不安分的因子在心中踊动，似乎在寻求什么，直到遇见你。"他们在一起度过了无数甜蜜的时光，如今，16年过去了，他们都已步入人生中年了，但只要一见面，仍然浑身颤抖，面红心跳，如同少年见到初恋情人，心中无限温馨。在一起时，他们紧紧地握着对方的手，从见面直到分别，一刻也没松开，每次都是如此。

16年来，他们相互敬重对方的人品人格，相互关心帮助，没有丝毫金钱功利的掺入，爱得纯洁，爱得崇高；同时，他们都各自尽到了家庭中的义务，家庭仍然稳定、幸福。他稳重潇洒，儒雅谦和，且功成名就，不少青春美貌的女子倾慕他，甚至不仅仅是秋波暗送，他一概视而不见，从不为所动，"曾经沧海"，心里只有她；由于工作需要，经常要陪客人出入休闲、娱乐场合，他总是把客人送进去，自己在外面看书等候，在他的潜意识里，只要踏进那些场所就对不起她。

他说，妻子和情人是两条永不相交的平行线，直至生命的终点。要珍惜这份情缘，用心灵去守候，用全部生命去爱，一生一世，生生世世。

（摘自：静勤，"现实里谁为婚外情喝彩"，红袖添香网，2008年10月20日）

还记得那个发生在廊桥的故事，这是一段柏拉图式的经典爱情，作者向读者展示了罗伯特·金凯与弗朗西斯卡从相逢、相恋到相别的全过程。

这是一段婚外恋情，再现了一段真挚的情感纠葛，美丽的邂逅，浪漫的缠绵，虽然只是短暂的相遇，但那份情感已深入内心，那美妙的感觉，足以品味一生。虽然为了家庭的责任，两人最终分手了，但他们之间这种相互的尊重和爱恋，诉说了一份伟大的爱，这种爱伴随着他们，直到永远。

现实中谁愿意姗姗来迟，在错误的时间爱上一个正确的人？谁愿意抛妻

别子，背叛家庭，遭受道德批判和众人耻笑？谁又愿意做破坏他人家庭，受到社会歧视的第三者？没有人愿意。或许这么做的人也都有他的苦衷，我们不能一棍子将他们打死。

外遇中若双方是真心相爱，相互付出了真情，则更难言对错。两人之间用心投入，互相认可，彼此关照，一起交流思想，诉说心中烦闷与苦闷，是情人，更似朋友，在失意的生活找到一份慰藉，这并非是一种低贱行为。

况且，在社会交往中，没有人能够保证完全与婚外恋绝缘。工作中的男女同事，天天在一起，偶然擦出感情火花；过去关系很好的老同学，若干年后相遇，共温原来美好时光，情感蓦然涌动；一个圈子的玩伴，在活动聚会中，突然发生了令人心跳的接触……若这种婚外的悸动不期而至，谁能保证一定能躲得过去？

其实，很多人在潜意识中并不排斥婚外恋。只是出于对家庭、舆论、道德观等方面的考虑，将内心深处这种"邪恶"的想法克制住罢了。

存在即合理

哲学家黑格尔说过：存在的就是合理的。辩证法告诉我们，任何事情的存在有它的弊端，也会有它的合理性。婚外恋只不过是人类感情存在的一种形式，它的存在必然有其客观性和合理性。

不产生婚外恋的前提是：第一，一生只爱一个人；第二，你爱的这个人必须在你结婚前出现；第三，这个人恰好做了你的婚姻伴侣。姑且不论同时满足这三个条件有多么艰难，即使夫妻双方一方满足了，另一方也未必满足。因此，我们可以悲观的得出这么一个结论：婚外恋，对于大多数人来说，它的产生不可避免。

在"一夫一妻"婚姻制度的约束下，只要爱恋的异性超过一个，就一定会有婚外恋现象的存在，或者在萌芽之中，或者已付诸行动，至于有没有被他人发现，只不过是隐藏的够不够深的问题。革命导师恩格斯也曾坦率地说过，"只要一夫一妻制存在，卖淫和婚外恋就会伴随着存在。"

人都是有七情六欲的，也都是向往自由的，在围城之中压抑久了，不免会忍不住探出城墙向外张望一番，对比那些花花绿绿世界中的男女，自己平淡如水的婚姻显得尤为枯燥乏味。事实上，对于绝大多数人来说，婚外恋是一种潜在的向往，没有的，只是未遇到合适的或不敢而已。

而且，很多人认为，婚外恋是男女间的一种真挚情感，符合爱情中的一切要素，既然是双方发乎真心的爱，又有什么不合理的呢？

W.J.莱德里的《婚姻的幻象》中说，"爱情"这一词汇的产生，本身就与婚外恋有关。中世纪的欧洲，嫁给贵族的妇女们生活在城堡里，当11世纪十字军东征时，许多男人远赴战场，那些没随军东征的男人便与这些贵妇们偷情，互相歌咏罗曼蒂克式的诗篇，这实际上就是婚外恋，它成了当时社会的普遍风尚，人们把其称之为"爱情"。

甚至有的人认为，与婚姻相比，婚外恋更接近真正意义上的爱情。因为，婚姻是现实的，它受到诸如家庭背景、身份地位、金钱财富等因素的影响，受到种种外在因素的制约，结婚后组建的家庭单位，往往淡化了爱情而转至亲情；而婚外恋则是心灵的，它只遵从于爱，不受任何条条框框限制，这样，才能孕育出炽热的情感和刻骨铭心的爱情。

每个人都会有对某个异性产生好感的经历，这种好感在婚前和婚后都有可能发生。这是一种人类与生俱来的情感，否定它就是在否定我们人类自己。前面我们说过，婚外恋是无关乎道德的，即使是道德高尚的人也不能与之绝缘，甚至很多文人的婚外恋成为一段佳话。有一点大概我们都能认同，那就是道德判断并不等同于真理判断，道德判断的标准在不同时代、不同民族、不同地区都会有所不同。

我国云南四川交界的地方，有个摩梭人聚居区，他们仍按原始社会母系制生活。没有一夫一妻的规定，找"阿夏"（性伴侣或叫情人）全凭相互喜欢。男女建立阿夏的关系，不受某种法律的约束，也不注重门第，全凭双方的情感来取舍，一旦男女双方彼此有意，没有任何力量可以阻挡他们建立阿夏关系。

阿夏关系维持时间长短不一，因情而异，短则几天、几个月，长则几年、十几年，甚至终身。他们合则聚，不合则散。由于男女阿夏各居母家，没有经济上的关系和日常共同生活的密切接触，所以具有相当的临时性和不稳定性。阿夏之间，在经济上谁也不靠谁。你不属于我，我也不属于你。双方均不可以独占对方。这就使阿夏关系自然不会专一。男女阿夏，既有从一而终者，也有一个结交多个阿夏的，大多在数个以上。少则多达十几、数十人，这都是正常的，没有人会干预或指责。

一般年轻的阿夏关系多不稳定，随着年龄的增长，结交的阿夏逐渐减少，

关系趋于稳定。部分成年男女，在青壮年时期，一般既拥有一个长期稳定的阿夏，同时又可能拥有一个到几个临时阿夏作为补充，即一个正式阿夏和数个非正式阿夏。长期阿夏作为正式阿夏，而与非正式阿夏只能秘密来往。阿夏双方结交过程中，如发现对方移情别恋，品性不端或与之情感不合等原因导致关系疏远感情破裂时，阿夏关系就随之解除。阿夏关系的解除较为自由、容易，一般不需要什么手续。因为不涉及财产的划分、子女的归属等利益问题，也很难引起争执和纠纷。

摩梭人的这种爱情或婚姻形式不必因爱而勉强或压抑自己，因此没有"婚前婚后性关系"的纠葛，也没有嫉妒报复之心理。对他们来说，情感是性生活的唯一理由，唯有此才是道德的。

由此看来，人类的婚姻形式和爱情道德观不是千篇一律的，孰对孰错？没有人能说得清楚。无论什么形式，既然存在了，就有它的合理性。

爱情是精神的产物还是物质的产物？这原本是个无须讨论的问题，但这个问题在今天看来变得难以回答。在商品经济浸润的社会中，物欲的膨胀让简单的爱情变得复杂。现在一个普遍的现象是，婚前看重彼此的物质方面，这必然会成为婚后情爱失落的根源，也为以后的情感出轨埋下伏笔，物质的丰富并不代表情感的富有，相反它往往衬托出情爱的苍白和悲哀。

婚外恋作为一种游离于婚姻之外的"非正式情感"，是对婚姻的一种挑战，这种情感很多也是发乎真心的，只是没有被婚姻制度"合法化"，于是我们觉得它可耻。而古代一个男人可以有多个妻妾，却从未被视为一种丑恶现象，只是因为它被当时的婚姻制度所允许。

事实上，只有通过婚姻才能使爱情取得合法化，这只是一种人为的观点，是一种被传统道德观和固有思维模式认可的表象，并非是爱情合法化的唯一标准，也未必是万古不变的金科玉律。从某种意义上讲，脱离了物质的爱恋才是爱情的最高形式，才是世间真爱，它既可以是精神的，也可以是肉体的。既然存在这种真爱，那么建立在此基础上的婚外恋，也是没什么值得批判的。

"意难平"的向往

有人说，婚外恋是不幸婚姻的产物，这也是婚外恋产生的一个重要原因。世界上没有圆满的婚姻，《红楼梦》中曹雪芹对婚姻也感悟到："叹人间，美

中不足今方信；纵然是齐眉举案，到底意难平。"

婚外恋，是"意难平"时的一种向往。当婚姻不幸时，从婚外的情感中寻找寄托，寻求情感上的满足以填补寂寞的心灵，也是一种凄美的选择。当婚姻名存实亡时，我们真的会毫无顾虑的选择离婚吗？改变婚姻是一件人生大事，它涉及生活的方方面面，如果夫妻间有一丝情感尚存，就要维持下去。当人们由于种种原因被迫去维持不幸的婚姻时，婚外恋就变得不再那么丑陋。

从家庭的角度来说，当一个丈夫或者妻子过着不和谐的生活而又不得不保存这个家的时候，最好的选择也许就是婚外恋，有人说，他们可以选择离婚。殊不知，离婚会造成更多人的痛苦，还会带来一系列未知的后果与压力。所以，适当地选择婚外恋，既是对悲剧婚姻生活的一种补偿，也能保持家庭的稳定，这样说来，婚外恋是一种"次中择优"的选择。

从孩子的角度来说，夫妻离婚受害最大的就是孩子。家庭是孩子成长的摇篮，单亲家庭的孩子，无论在身心成长上，还是在文化教育上，与正常家庭的孩子相比都要存在更多的缺陷。此时，如果通过婚外恋的方式，保持了家庭不分裂，给孩子留下了相对好的成长环境，这时婚外恋所起的缓和作用也是不可抹杀的。

从社会的角度来说，稳定与和谐是很重要的。一个离婚频发离婚率居高不下的国家，会冲击社会的稳定，给社会带来很多不和谐因素。因而在不破坏家庭的情况下，选择婚外恋在某种程度上也是对社会稳定的一种贡献。

不幸的婚姻中，至少有一方是受害者，对于受害者，我们应该报以同情，对于婚姻中的不幸，婚外恋在一定程度上起到了弥补作用，它使当事人释放了被压抑的情感，体验到了幸福与快乐，对此，我们不应该加以指责，更不应剥夺他们追求幸福与快乐的权利。国学大师胡适之的"无约等待"，深深地折射出了婚姻与婚外恋的两种对立现象并存时的无奈与心酸。

胡适，是中国文学史上一位才学出众的国学大师，他以其深邃的思想影响着以后几代人。然而，他自己呢，却有着挣不脱、解不掉的情愁，品尽了"无约等待"的苦楚。

胡适13岁便与县内巨富大户之女江冬秀订婚。未料到，这桩婚事，累及胡适一生。

1910年，胡适留学来到美国，期间认识了同校学美术的女同学韦莲司。

慢慢接触频繁，此后不久，胡适与韦莲司在信中讨论起"男女交际之礼"的问题。韦莲司在信中说："最适合于最高尚的人的礼，乃是一种思想之礼，如果明知性的吸引没有用处而弃之不顾，把注意力转移到'更高尚的友谊'，便无所谓'非礼'，这样，在两人之间，也只有在两人之间，便能有最亲密、最富于思想启发的关系。"两个人在微风晚霞下"红襟软语"、思"掠地双飞"，只求"销魂杜宇"。这是当年胡适漫游朦胧的爱情境界的写照。

然而，就在他"语深浑不管昏鸦"的热恋之际，他提出要与江冬秀解除婚约之事被母亲驳回，而韦莲司的母亲也明确表示不赞同女儿的这桩婚姻。无奈，两人后来果真把注意力转移到了"更高尚的友谊"上去了。但对于胡适来说，这是他刻骨铭心的一次初恋，直至20余年后，头上已有几缕白发的他，仍难忘400里赫贞江边那少年岁月的梦和爱……

也就在胡适与韦莲司女士进入"更高尚的友谊"时，东方才女陈衡哲又进入了胡适的情爱生活之中。陈衡哲比胡适大一岁，生于江苏常州的一个官宦世家，自幼饱读诗书，当时在美国瓦沙大学攻读历史，是当年获准入学的唯一两个女生之一。当时，胡适在美国留学学生中，属出类拔萃者，处处演说，时时发表英文文章，人又生得潇洒英俊，因此，深得女孩子们欢心，陈衡哲也不例外。

胡适碍陈衡哲是任叔永的女友，虽作出"朋友之友不可友"的君子之道，然而，对于陈女士频频送来的爱却又无法抵挡。这从五个月之内胡适单方面寄给陈女士的40余件信函看，也就足以证明他对她的无限爱恋。尤其是那些"游戏酬答之片"，更能说明双方的感情已明显突破了一个"友"字。

这难道仅仅是朋友之间的称呼伦理吗？这难道仅是一种谐趣十足的游戏酬答之函吗？两个人的书信、诗词互往，这本是一种情缘，然而胡、陈总无姻缘。一则是胡适因一个"孝"字，终于不敢轻易违抗母命，因此也不敢再婚；二则，陈衡哲当时还充满理想，主张"不婚主义"，为此，胡适又不敢去碰这个"钉子"。就这样，促成了1919年的"任陈结合"。

陈衡哲与任叔永结婚后，胡适仍十分关爱着陈衡哲。1920年8月，陈衡哲获芝加哥大学硕士学位回国，正值江冬秀生下一个女儿，胡适骗过江冬秀，给女儿取名：素斐（SOPHIA）。与衡哲的洋名"莎菲（SOPHIA）"同音，虽不能说纪念他同陈衡哲的那段旧情，但也不排除他对陈衡哲的一份心迹。紧接下来，就是他为陈衡哲的工作而日夜地奔走开了，他先后几次拜访了校长蔡元培，使陈衡哲成为北大的第一名女教授。

1923年春，胡适在与陈衡哲没有结果的等待之下，突然与家乡的一位才女爱恋并同居了。这位女子是1917年胡适与江冬秀结婚时的"小伴娘"，她叫曹珮声。那年，她还只是15岁的小姑娘，然而，她的那种绰约风姿，却让胡适怦然心动。从那天起，胡适就为这位闯入他生活的少女做起了白日梦。他多么希望这个白日之梦能变成现实。于是，他为之月复一月、年复一年地努力着。

后来两人便在西湖边的烟霞洞赁房同居了。两个人一起读书、爬山、赏月、观潮，听山寺的钟声……这种柔情蜜意、形影不离的神仙眷侣生活，使得胡适郁积多年的情欲终于释放了，他的诗情也一泻而不可收拾。

从此，两人鸿雁传书，相思之苦逼迫着胡适向江冬秀提出离婚。然而，那位江冬秀却使出了乡下女人的撒手锏——她一手拿着菜刀，一手揽着两个儿子威胁道："你要离婚可以，我们母子三人就这样死在你面前了！"为此，胡适害怕极了，再也不敢提离婚二字了。

胡适被妻子逼得无奈，只得出走山西。他在苦闷彷徨中写下这样一首小诗：

依旧是月圆时\依旧是空山，静夜\我独自月下归来\这凄凉如何能解\翠微山上的一阵松涛\惊破了空山的寂静\山风吹乱了窗纸上的松痕\吹不散我心头的人影。

直到30年后，胡适还把后两句抄给友人，表示他对珮声的极度思念之情。

然而，有情人难成眷属，曹珮声黯然神伤，曾一度上峨眉山出家。最后，还是在胡适的书信劝慰下，她才断绝了出家的念头。但终身不嫁，直到1973年在上海病逝。临终前，她还写诗寄给胡适，诗中有句曰："念年辛苦月华知，一似霞栖楼外时！"为了表明对胡适的永久的炽爱和牵挂，为了证明自己对摩哥的永世痴情，曹珮声最后把自己的躯体埋葬在胡适的故乡——上庄。

（选自：高志林，"文化名人婚外恋"，《中华传奇》，2004年第11期）

胡适的婚外恋，恰似一团微弱的火焰，就这样以最真诚、最悲壮的方式，在厚厚的纸里燃烧，直到窒息。胡适的悲剧，也折射出了婚姻的最大不合理之处：双方没有感情时，依然还要坚持婚姻，此刻婚姻就成了一种人性的负担。

在当今社会中，类似的情形有很多，曾经为某人心动，曾经感动于某人

的深情，感动于对方的执著，可是，因为婚姻的羁绊，最终还是选择了放弃。带来的只是一声叹息：在对的时间碰上错的人，是一场心伤；在错的时间碰上对的人，是一场遗憾。

对于感情生活已然消亡的婚姻家庭，婚外恋无疑是一种唤醒生命活力的兴奋剂。由两情相悦带来的震撼不仅弥补了死亡婚姻带来的情感遗失，而且足以让人们蔑视世俗的任何清规戒律。毕竟，爱情没有对错，也与道德无关。

婚外恋与爱情

受传统的观念和五千年文化的影响，婚外恋长期以来被禁锢在健康的爱情之外，一直为世人所不容。没有人敢冒天下之大不韪去公开支持婚外恋，但是对婚外恋，我们有必要给予最起码的宽容与同情。下面让我们看看恩格斯笔下对于婚外恋所持的态度：

第一个出现在历史上的性爱形式，亦即作为热恋，作为每个人都能享受到的热恋，作为性的冲动的最高形式，而第一个出现的性爱形式，那种中世纪的骑士之爱，那根本不是夫妇之爱。恰好相反，古典方式的、普罗凡斯人的骑士之爱，正是极力要破坏夫妻的忠实，而他们的诗人们又加以歌颂的。《Albas》，用德文来说就是破晓歌，成了普罗凡斯爱情诗的精华。它用热烈的笔调描写骑士怎样睡在他的情人——别人的妻子——的床上，门外站着侍卫，一见晨曦初上，便通知骑士，使他悄悄地溜走，而不被人发觉。

（节选自：恩格斯，《家庭、私有制和国家的起源》，天津人民出版社，2009年4月）

这里的"骑士之爱"其实就是通奸行为，本应成为谴责与抨击的对象，但恩格斯为什么却认为它是"第一个出现在历史上的性爱形式"？

中世纪贵族的婚姻是政治婚姻，门第是婚姻的门槛，结婚的目的是为了延续后代或实现家族联姻，那时候没有自由恋爱，没有择偶的自由，婚姻都是由父母或家族包办，因此，很多夫妻之间并没有真正的爱情，但追求爱是每个人的本能，于是只能以通奸作为补充。毕竟，在这个世界上，只要还存在着没有爱情的婚姻，就必然会存在着没有婚姻的爱情。

在两性问题上，究竟是爱情高于一切？还是婚姻高于一切？这是一个及其复杂的问题。许多伟大的历史人物在爱情与婚姻之间的取舍也不尽相同，这就更使得我们难以找到一个合适的答案。都说婚姻是一座围城，是一种对爱情和人性的禁锢，但对于大多数人来说，在制度与道德的双重约束下，是没有勇气去打破这种禁锢的，于是只好通过婚外恋的方式，进行情感和性爱上的补充。

从新中国成立伊始，《婚姻法》就明确规定了社会主义中国奉行一夫一妻制，从而结束了几千年的男人多妻多妾封建传统。但是，不管是社会制度的彻底改变，还是国家法律的硬性规定，对婚姻家庭中非理性的情感因素还是无力解决。

一百多年前，恩格斯有感于资本主义世界物欲横流的状况，对爱情和婚姻的关系阐述了这样的观点，大意是：婚姻不以爱情为基础，是不合乎道德的。但一百多年后，人们仍然没有摆脱物欲对爱情婚姻的困扰，金钱、身份、地位，仍然左右着婚姻和家庭的结合，不以婚姻为基础的爱情大行其道甚至愈演愈烈。爱情不是婚姻的基础，仍然是婚姻的奢侈品。坚守爱情山盟海誓、厮守终身的婚姻家庭越来越少，爱情缺失的婚姻家庭却比比皆是。于是，在国家法律和社会伦理的双重压力下，人们在平衡爱情婚姻的取舍问题上，采取了另外一种爱情形式——婚外恋。

对于婚姻以外的男女之间所产生的爱情，多数人不分青红皂白，一律给予口诛笔伐。但是造成婚外恋的原因有很多种，一概而论也是有失偏颇的。诚然，嫌贫爱富的婚外恋是错误的，攀附权贵的婚外恋是错误的，为一己之私而抛弃家庭的婚外恋也是错误的，对于这些，我们责无旁贷地要给予抨击。然而，我们也不能完全用否定的眼光去看待婚外恋，因为有些时候它恰恰是迫不得已而做出的，如果是这样的话，不分青红皂白一味地去加以鞭挞，就是保守的传统观念在作怪了。

我们认为，婚外恋不是滥情。在这世上，肯定有个真正让你最爱的人，但由于择偶过程中时间和空间的局限，你难以知道这个人在什么时候出现在生命里。如果真爱出现的早一点，也许你就不会和现在这个人十指相扣。

情投意合的两个人，不幸爱错了时间，怎么办？或许相比妻子或丈夫，这才是你一直想要的那个人，而你们之间只能无奈地擦肩而过，不是一种遗憾吗？

然而，如果置家庭和孩子于不顾，为了爱冲锋陷阵，是不明智的，是可笑的，也是为人所不齿的。想想看，一个人没有一点责任感，业已组建的家

庭说不要就不要，为了一段激情，就拿配偶、孩子和自己一生的幸福做赌注，这样做是多么得不偿失。

但爱情世界里往往是缺乏理性的。在怦然心动的那一刻究竟该怎么做？迫不得已，人们往往选择了与婚外所爱之人通过婚外恋这种形式来进行情感沟通，毕竟因为责任，不能轻易地选择与配偶离婚。这样一来，婚外恋便成为一种对现有婚姻冲击和危害最小的选择。

婚外恋也许是一种美好的感情，充满了浪漫与激情。虽然很多婚外恋最终以悲剧收场，但这往往不是错在婚外恋本身，而是错误地对待了婚外恋。比如，想无节制地占有对方、想涉足对方的家庭、想让婚外恋转正等等，这些做法都是错误的，都是很危险的。

当然，我们并非提倡婚外恋，更不是鼓励去大家去寻找婚外恋，也不是一旦婚姻中出现了问题就拿婚外恋来弥补。只是因为它是客观存在的，我们就要正视它、把握它、驾驭它。我们应该给在爱情中迷茫的人多一分宽容和疏导，将更多的关爱用于改善解决婚姻家庭的爱情缺失问题上，对于那些有感情基础的婚外恋情，不必求全责备，更不必视为洪水猛兽。婚外恋毕竟是婚外的，只能是情感和生活的补充，妻子和恋人是生活中两个不可相互随意替代的角色，切不可破釜沉舟以牺牲婚姻和家庭作为代价。

如果有一天，当男女双方达到了婚姻与爱情的统一，忠诚而互信，浪漫又温馨，相偎相依，默契包容，婚外恋现象自然就会逐渐销声匿迹。这虽然是对理想状态下婚姻的描述，但并非遥不可及，我们期望越来越多的人能达到这一境界，那必将是爱情之幸，人生之幸。因为，那里没有折翼的翅膀，那里是爱情欢舞的天堂。